W0174447

VIER HAUPTKAPITEL

Einführung
Kurze Einstimmung auf das Reiseziel.

Die schönsten Wanderungen
30 Tourenvorschläge mit Kartenskizzen,
Infokästen und Tips.

Sehenswürdigkeiten von A bis Z
Die Highlights der Region.

Reise-Informationen von A bis Z
Aktuelle Infos für die Urlaubsplanung und das
Zurechtfinden vor Ort.

PIKTOGRAMME
ERLEICHTERN
DEN ÜBERBLICK:

Schwierigkeits-
grad:

 leicht

 mittel

 anspruchsvoll

 Weglänge

 Gehzeit

 Höhenunterschied

 kindgerecht

BRUCKMANNS
»SCHNELLSUCHE«

Farben helfen Finden
Bunt hervorgehobene Stichwörter verweisen auf
das jeweilige Kapitel:
grün   = Die schönsten Wanderungen
blau   = Sehenswürdigkeiten von A bis Z
orange = Reise-Informationen von A bis Z

BUCH & FALTKARTE

Koordinaten zur Orientierung
Zur raschen Lokalisierung aller Sehenswürdigkeiten
und Wandervorschläge auf der beigegebenen
Reisekarte sind im Buch die entsprechenden Koor-
dinaten des Kartenrasters jeweils angegeben:
Beispiel: Karte: B 4/5

In der Faltkarte wird bei der
Tour auf die Seitenzahl
im Buch verwiesen.

INHALT

Einführung · 8

Die schönsten Wanderungen · 18

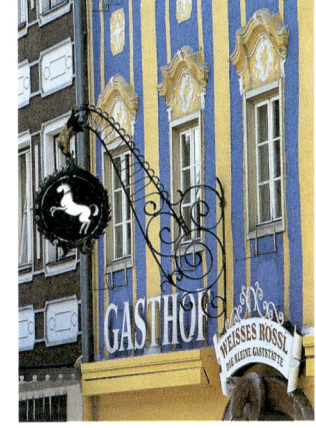

Die vorhergehende Doppelseite: Die Westabhänge des Höllengebirges spiegeln sich im kristallklaren Wasser des Attersees.

SALZKAMMERGUT –
Österreichs seenreichste Region zwischen Gletschern und Alpenvorland

Klar abgrenzen oder definieren lässt es sich nicht, das Salzkammergut. Doch welch herrliche Landschaft verbirgt sich hinter diesem Begriff! Das Salzkammergut lässt niemanden gleichgültig, es zieht unwiderstehlich Blicke auf sich, wird von den einen abgöttisch geliebt, von den anderen in der Hochsaison als bereits zu überlaufen beklagt.

Drei Bundesländer teilen dieses herrliche Fleckchen Erde unter sich auf. Den größten Anteil hat Oberösterreich (72 %), während Salzburg (12 %) und die Steiermark (16 %) deutlich hinter diesem Wert zurückbleiben. Auf den je nach Abgrenzung etwa 2500 bis 3000 km² des Salzkammergutes konzentriert sich topografische, landschaftliche, historische und kulturelle Vielfalt in schwindelerregender Dichte. Nicht nur die über 70 größeren und kleineren Seen prägen das Landschaftsbild nachdrücklich. Mit Höhen über 3000 Metern ist das Dachsteinmassiv zu den höchsten Gebirgen Mitteleuropas zu zählen. Den Nordrand der Region bilden die sanften Hügel des Alpenvorlandes – Kontraste, wie man sie sich stärker nicht vorstellen könnte.

Ebenso reich und vielfältig wie die Landschaft des Salzkammergutes präsentieren sich auch seine Bewohner und ihre Kultur. Viele Traditionen sind hier bis heute lebendig geblieben und lassen uns immer wieder einen tiefen Blick in die Vergangenheit werfen – das Fenster zur Geschichte ist weit geöffnet.

Die mächtigen Korallenriffe des Erdmittelalters formen die majestätischen Gipfel der Nördlichen Kalkalpen.

Nostalgisch-verträumt gibt sich etwa die alte Kaiserstadt → **Bad Ischl**, die jeden Sommer zum Zentrum der österreichisch-ungarischen Monarchie wurde. Rund um die großen Seen erwartet den Besucher dagegen eine große Fülle an modernen Unterhaltungs- und Freizeitmöglichkeiten. Alte traditionelle Landwirtschaft besteht neben den Intensivkulturen des Alpenvorlandes und der Salzburger Umgebung. Die Auflistung krassester Gegensätze ließe sich beliebig lange fortführen.

Eines der Erfolgsgeheimnisse des Salzkammergut-Tourismus liegt daher darin, dass sich jeder Gast seine Wünsche und Vorstellungen erfüllen kann. Vom Aufenthalt im Luxushotel über Familienferi-

Persönliche Reise-Top-Ten der Autoren

- **Hallstatt** – einer der schönsten Seeorte der Welt, seit Jahrtausenden besiedelt.
- **Bad Ischl** – auf den Spuren der altösterreichischen Sommerfrische nostalgisches Flair genießen.
- **Offensee** – landschaftliches Kleinod am Rande des Toten Gebirges.
- **Ausseer Land** – die geografische Mitte Österreichs, ein Gesamtkunstwerk aus Natur und Kultur.
- **Almtal** – liebreizende Landschaft mit zahlreichen Plätzen zum Träumen.
- **Salzburg** – die weltberühmte Festspielstadt, in der es noch viel zu entdecken gibt.
- **Rettenbachtal** – der „Grand Canyon" des Salzkammergutes.
- **St. Wolfgang** – zwischen Operette und uraltem Wallfahrtsort.
- **Dachstein** – karstiger Höhepunkt des Salzkammergutes.
- **Gmunden** – einkaufen und genießen mit fast südländischem Flair.

en auf dem Bauernhof bis hin zu mehrtägigen Weitwanderungen oder ausgiebigen Kulturprogrammen bietet das Land alle erdenklichen Urlaubsmöglichkeiten. Besonders groß geschrieben wird natürlich das Wandern, lernt man doch zu Fuß die Besonderheiten und Schätze der Region am intensivsten kennen. Im Gegensatz zu anderen Regionen der Alpen locken jedoch nicht nur die Berge, sondern vor allem auch die vielen Seen, die auf Wanderungen immer wieder erfrischende Abkühlung gewähren. Und die Kultur kommt ebenfalls nicht zu kurz, Kapellen und Kirchen am Wegesrand beherbergen zum Teil einmalige Kleinode künstlerischen Schaffens. Ausgesprochen vielfältig sind auch die kulinarischen Genüsse, welche die Region zu bieten hat; unverkennbar schmecken wir die ausgedehnten Wälder und klaren Seen! Wanderurlaub im Salzkammergut ist damit eine der abwechs-

Wasser in seinen verschiedensten Erscheinungsformen prägt die Landschaft des Salzkammergutes.

lungs- und erlebnisreichsten Möglichkeiten der Freizeitgestaltung.

Eiszeiten und jahrhundertelange Bewirtschaftung – Ursprünge der landschaftlichen Vielfalt

Die erdgeschichtlich jüngsten, heute noch am besten sichtbaren geologischen Veränderungen erfuhr das Salzkammergut während der Eiszeiten. Der letzte große Vorstoß des Eises endete erst vor etwa 12 000 Jahren! Diese letzten Riesengletscher der Alpen haben das Landschaftsbild nachhaltig geprägt. Viele der heutigen Landschaftsformen, Täler und Berge, Mittelgebirge und Schluchten sind in dieser Zeit entstanden. Die riesigen Schmelzwasserflüsse aus den sich zurückziehenden Gletschern taten ein Übriges und hinterließen die Grundzüge der Salzkammergut-Landschaft im wesentlichen so, wie wir sie heute kennen.

Doch schon bald nach den Eiszeiten ging der Mensch mit seinen gestalterischen Kräften ans Werk. Erste Waldteile wurden gerodet, um einen zaghaften Ackerbau beginnen zu können. Bald erlangte auch das Salz seine Bedeutung. Zu radikalen Landschaftsveränderungen kam es aber erst durch die Erfindung der neuen Salinentechnik. Riesige Waldgebiete wurden im Mittelalter und zu Beginn der Neuzeit für die Sudhäuser gerodet. Daneben verstärkte sich auch die landwirtschaftliche Aktivität. So hat das unermüdliche Schaffen des Menschen der Landschaft des Salzkammergutes ihren letzten Feinschliff gegeben und diese harmonische Synthese aus gewachsener Natur- und gestalteter Kulturlandschaft entstehen lassen.

Und überall ist Leben – der Artenvielfalt auf der Spur

Die landschaftliche Vielfalt des Salzkammergutes bedingt auch eine entsprechend abwechslungsreiche Tier- und Pflanzenwelt. Immer wieder überrascht uns die unübersehbare Artenfülle, die eine Mischung aus Elementen der Welt des Hochgebirges, der östlichen Niederungen und des gemäßigten Mitteleuropa darstellt. Sogar einige südliche Elemente haben sich bis hierher verirrt, manchmal allerdings mit menschlicher Hilfe.

Auffallende Boten des Südens sind etwa die Edelkastanien, die in der Nähe von Unterach am → **Attersee** einen kleinen Wald bilden. Fast fühlt man sich an den Südrand der Alpen versetzt und steht doch an ihren nördlichsten Ausläufern. Die anderen Wälder sind von wesentlich nördlicherer Prägung. An feuchteren, den Regen spendenden Nordwestwinden zugewandten Hängen gedeihen dichte Buchenbestände, die zu jeder Jahreszeit ein anderes Bild bieten. Das Zartgrün des Frühlings mit seiner Sonnenflut macht im Sommer einer fast bedrückenden Düsterkeit Platz. Im Herbst erstrahlen die Buchen in ihrem typisch kupferfarbenen Glanz – eine der schönsten Wanderzeiten! An anderen Standorten dominiert über große Flächen die Fichte, die auch in den höheren Lagen einer der häufigsten Bäume ist.

Bunte Blumen- wiesen sind im Frühling und Sommer eine Augen- weide!

Die Blumenfülle der Salzkammergutwiesen ist kaum zu überbieten. Besonders prächtig sind sie – je nach Höhenlage – zwischen Mitte April und Anfang Juli. Auf feuchten Wiesen entfalten die violetten Sibirischen Schwertlilien ihre Blüten. Im Ausseer Land werden weite Flächen in das Weiß der Dichternarzisse gehüllt. Immer wieder stehen Orchideen mit ihren eigenwillig geformten Blüten direkt am Wegesrand. Von verschwenderischer Pracht sind die blühenden Bergmähder, die im Frühsommer besonders die → **Postalm** und die → **Tauplitz** mit ihren Farben und Düften erfüllen.

Nicht weniger kontrastreich ist die Tierwelt. Alle mitteleuropäischen Wildarten sind in guten Beständen vertreten. Auf den Wanderungen werden wir regelmäßig Rehen und Feldhasen, in höheren Lagen auch dem Alpenschneehasen begegnen. Ausgespro-

chen vielfältig ist die Vogelwelt der Region. Von den winzigen Goldhähnchen, mit 6 g Körpergewicht die kleinsten Vögel unserer Heimat, bis hin zum gewaltigen Steinadler sind fast alle mitteleuropäischen Arten vertreten. An einigen Seen brüten auch mehrere Wasservogelarten, so etwa Stock- und Reiherenten, Haubentaucher und Gänsesäger. Letztere ernähren sich – nicht immer zur Freude des Menschen – von den reichen Fischbeständen. In den Voralpenseen ist besonders der Seesaibling einer Erwähnung wert. Dieser Fisch ist ein typisches Element der alpinen Seen und kommt

Er fliegt wieder über den Bergen des Salzkammergutes: der majestätische Gänsegeier. erst wieder im nördlichsten Europa vor. Während der Eiszeit ist er in die Alpen eingewandert und blieb hier bis heute erhalten.

Essen und Trinken

Als eines der wichtigsten Kernländer der österreichisch-ungarischen Monarchie war das Salzkammergut seit jeher Treffpunkt der Einflüsse der verschiedensten Küchen. In einem einmaligen Verschmelzungsprozess entstand so die typisch österreichische Küche, die außer von lokalen Elementen vor allem durch böhmische Einflüsse entscheidend mitgeprägt wurde.

Hier eine kleine Auswahl von Köstlichkeiten, die Sie unbedingt probieren sollten:

Apfelkücherln (gesprochen „Apfelkiachl"): Apfelscheiben, in Teig gehüllt, in heißem Öl gebacken

Apfelstrudel: mit Äpfeln gefüllter Strudel

Bauernschmaus: Schlachtplatte mit Schweinebraten, Selchfleisch, Würstchen, Semmelknödeln und Sauerkraut

Beuschel: Kalbs- oder Rinderlunge und -herz in saurer Sauce

Blunzen: Blutwurst

Gerstensuppe: Brühe mit Gerstenkörnern und geräuchertem Schweinefleisch

Gugelhupf: Napfkuchen aus Hefeteig mit Rosinen

Hascheeknödel: Kartoffelklöße mit einer Hackfleisch-Füllung

Haxlsulz mit Kernöl: in Aspik eingelegtes Fleisch von Schweinshaxen, angerichtet mit Kürbiskernöl

Holzknechtnocken: über offenem Feuer in Fett gebratene Kugeln aus Hefeteig

Kaiserschmarrn: klassisch österreichische Mehlspeise, eine Art zerkleinerter Pfannkuchen, unbeschreiblich!

Kalbsvögerl: gefüllte Kalbsrouladen im eigenen Bratensaft

Kaminwurzen: würzige Hartwurst

Marillenknödel: Kartoffelklöße, mit Aprikosen gefüllt

Palatschinken: dünn gebackene Eierpfannkuchen, die mit Marmelade, Quark, Nüssen, Schokolade oder Eis gefüllt sein können

Salzburger Nockerl: süßer Auflauf aus Eierschaum

Saure Leber: in mit Essig angesäuerter Brühe weich gedünstete Leber, Sauce mit Zitrone abgeschmeckt

Scheiterhaufen: süßer Auflauf aus Semmeln und Äpfeln

Schweinsbratl: gebratenes Schweinefleisch mit knuspriger Kruste

Steirisches Wurzelfleisch: mit Wurzelgemüse in einem Essigsud weich gekochte Schweineschulter; mit dem Wurzelwerk, frischem Kren (=Meerrettich) und Petersilienkartoffeln angerichtet

Topfenstrudel: mit einer Quarkmasse gefüllter süßer Strudel, oft mit Rosinen

Wildragout: Topfgericht aus Hirsch-, Reh- oder Gamsfleisch; zumeist mit Semmelknödeln und Preiselbeermarmelade serviert.

Essen & Trinken

Ein kleines Glossar, damit Sie sich auf den „verwirrenden" österreichischen Speisekarten zurechtfinden:

Beiried: Roastbeaf
Biskotten: Löffelbiskuit
Eierschwammerl: Pfifferlinge
Erdäpfel: Kartoffel
Faschiertes: Hackfleisch
Fisolen: grüne Bohnen
Germ: Hefe
Geselchtes: Geräuchertes
Grammeln: Grieben
Häuptelsalat: Kopfsalat
Karfiol: Blumenkohl

Kipferl: Hörnchen
Knödel: Klöße
Kohlsprossen: Rosenkohl
Kren: Meerrettich
Marillen: Aprikosen
Paradeiser: Tomaten
Porree: Lauch
Rahm: Sahne
Ribisel: Johannisbeeren
Rohnen: Rote Bete
Stelze: Haxe
Sulz: Aspik
Topfen: Quark
Vogerlsalat: Feldsalat
Wammerl: Schweinebauch

Weinanbau hat das Salzkammergut nicht zu bieten, dagegen stammen einige Biere sowie edle Obstbrände, die nach traditionell überlieferten Rezepten, oft in kleinsten Mengen direkt beim Bauern destilliert werden, aus der Region. Eine lokale Spezialität ist der Zirbenschnaps, der vor allem in der Dachsteinregion gebrannt wird. Wenn es auch keinen Wein gibt, so gibt es doch den Most, bei vielen Wirten hauseigen und stets frisch, eine Köstlichkeit!

Eine Besprechung von Speisen und Getränken wäre unvollständig, würden wir uns nicht noch kurz dem österreichischen Kaffee widmen. Um „Sprachproblemen" vorzubeugen, hier einige der verbreitetsten Zubereitungsarten: Der „Verlängerte" entspricht einer normalen Tasse Kaffee. Das deutsche „Kännchen" wird in Österreich „Portion" genannt und eher selten angeboten. Der „Kleine Schwarze" ist ein Espresso, der „Große Schwarze" ebenfalls, allerdings in doppelter Menge. „Kleiner und Großer Brauner" werden dagegen mit (wenig) Sahne serviert. Eine sehr beliebte Kaffeezubereitung ist die Melange, bei der ein Teil Kaffee mit derselben Menge heißer, aufgeschäumter Milch vermischt wird (kommt dem italienischen Cappuccino nahe). Der Cappuccino wird dagegen, entgegen der italienischen Tradition, zumeist mit einer Sahnehaube auf den Tisch gebracht. Milchkaffee ist eine abgeschwächte Variante der Melange. Ein Klassiker ist schließlich der „Einspänner", ein schwarzer Kaffee mit viel Zucker, einer dicken Sahnehaube und – besonders wichtig – ei-

Aus dem Wasser frisch auf den Tisch: Saibling aus dem Gosausee.

nem kräftigen Schuss Rum. Er wird aus einem Glas getrunken. In klassischen Kaffeehäusern werden alle Varianten grundsätzlich mit einem Glas Leitungswasser serviert, das jedoch nicht den Durst löschen soll, der durch den Kaffee entsteht, sondern vielmehr einer „Mundspülung" dient, damit man den Kaffee ohne Beigeschmack genießen kann.

Von der Hallstattzeit bis heute – Jahrtausendelange Geschichte im Banne des „weißen Goldes der Alpen"

Im Gegensatz zur klassischen Lehrmeinung blieb auch die vorgeschichtliche Besiedelung des Salzkammergutes nicht auf die Täler beschränkt. In Höhlen des Toten Gebirges und am Dachstein gefundene Steinwerkzeuge und bearbeitete Bärenknochen aus der Zeit zwischen 60 000 und 35 000 v. Chr. bezeugen, dass schon die ältesten bekannt gewordenen Salzkammergütler in die

Berge zogen. Mit dem Rückzug der Eismassen zu Ende der letzten Eiszeit entstand fruchtbarer Boden in den Tälern, der zur Sesshaftwerdung der jungsteinzeitlichen Menschen, auch in den Alpentälern, führte. Ein rascher technischer Fortschritt kennzeichnet diesen Abschnitt. Die Epoche zwischen 3000 bis 2000 v. Chr. hat sogar den Namen **Mondseekultur** erhalten. Nun folgte die Bronzezeit, die durch die beginnende Metallverarbeitung im Alpenraum gekennzeichnet war. Schon im 9. Jh. v. Chr. kamen mit der Eisenverhüttung neue Methoden ins Spiel. Und hier hat eine Ortschaft des Salzkammergutes wahrhaft Weltruhm erlangt. Die ältere Eisenzeit ist heute unter dem Namen **Hallstattzeit** weit besser bekannt. Die vorgeschichtliche Siedlung befand sich jedoch nicht am See, sondern hoch über dem heutigen Ort im unwegsamen Gelände des Salzbergtales. Mit den **Römern** kam auch das Christentum ins Salzkammergut, das die Geschichte bis in die Neuzeit nachhaltig mitprägte. Im Jahr 50 n. Chr. wurde die Region Teil der riesigen Provinz Noricum. Fast 500 Jahre dauerte die Herrschaft des römischen Reiches, zwar eine Periode der Fremdherrschaft, aber auch der längste Zeitraum ohne Kriege und Stammesfehden, den das Land bisher erlebt hatte.

Noch heute finden sich in den Bergen des Salzkammergutes Zeugnisse aus dem Erdmittelalter.

Im 7. Jh. ging die Herzogswürde an das Geschlecht der bajuwarischen Agilolfinger über. Es kam zu Klostergründungen (z. B. 748 Mondsee), die für die weitere Entwicklung des Salzkammergutes wichtig waren. Die Klöster entwickelten sich zu bedeutenden Zentren von Handel und Wirtschaft.

Nach der Jahrtausendwende nahm das Salzkammergut einen steilen wirtschaftlichen Aufschwung. Die Salzproduktion – und mit ihr der Wohlstand der Region – erreichte einen neuerlichen Höhepunkt. Gleichzeitig wurde das Gebiet jedoch auch zum Zankapfel zwischen verschiedenen Herrscherhäusern, denn wo es viel Geld zu holen gibt, da bleiben begehrliche Blicke der Nachbarn nicht aus. Ein Meilenstein der Geschichte war die Wahl Rudolfs von Habsburg zum deutschen Kaiser im Jahre 1273. Mit ihr begann die beispiellose Erfolgsgeschichte der Familie Habsburg, die bis ins 20. Jahrhundert die Geschicke Österreichs und damit auch des Salzkammergutes leitete.

Die österreichischen Salinen liefern eine breite Produktpalette.

Obwohl wir schon bisher den Ausdruck Salzkammergut für die Region verwendet haben, müssen wir an dieser Stelle eingestehen, dass dies bis zur Etablierung der Habsburger Herrschaft keineswegs üblich war. Erst unter dieser Herrscherfamilie wurde der Name geprägt, der damals weniger die Landschaft bezeichnete als vielmehr die Region der Salzbergwerke, die direkt der Hofkammer in Wien unterstanden, somit ein Kammergut waren, in dem Salz produziert wurde. Die Salzgewinnung wurde für lange Zeit zum wichtigsten Wirtschaftsfaktor der Region und trug das Ihre zur Veränderung der Landschaft bei. Mit der Einführung der Sudtechnik und des „nassen" Salzabbaues wuchs der Holzbedarf der beginnenden Salinenindustrie. Schon gegen Ende des 16. Jh. war das Innere Salzkammergut weitestgehend entwaldet. Daher wurde 1595 mit der Errichtung einer Soleleitung von → **Hallstatt** nach → **Ebensee** begonnen. Mit den damals noch recht einfachen Vermessungsgeräten wurde versucht, den Leitungsweg in möglichst gleichmäßigem Gefälle bis zur Saline im waldreichen

Traunseeland zu führen. Noch heute können wir uns bei Wanderungen am Soleleitungsweg (→ **Wanderung 19**) von der wirtschaftlich erzwungenen, meisterlichen Ingenieursleistung überzeugen.

Mit den Bergknappen kam schon bald nach Luthers Thesenanschlag 1517 der Protestantismus ins bis dahin katholische Salzkammergut. Lange wurde die neue Religionsgemeinschaft zwar nicht anerkannt, aber dennoch stillschweigend geduldet. Gegen Ende des 16., besonders aber im 17. Jh. kam es zu starken gegenreformatorischen Bewegungen, die dazu führten, dass die rührigsten und aktivsten Bürger das Salzkammergut verlassen mussten.

Erst unter Kaiser Franz Joseph, dem vorletzten Monarchen Österreichs, rückte das Salzkammergut wieder in den Mittelpunkt des Weltgeschehens. Der Kaiser hielt sich jeden Sommer in → **Bad Ischl** auf und traf hier viele Entscheidungen von enormer politischer Tragweite. Gegen Ende seines langen Lebens unterzeichnete er hier die folgenschwere Kriegserklärung an Serbien, die zum endgültigen Auslöser des 1. Weltkrieges und zum Sargnagel der österreichisch-ungarischen Doppelmonarchie wurde.

Heute ist es wieder ruhiger geworden um das Salzkammergut. Neben dem „Weißen Gold der Berge" hat sich der Tourismus als wichtiger Wirtschaftsfaktor etabliert. Hoffen wir, dass das Salzkammergut seine über Jahrhunderte erworbenen und verteidigten Eigenheiten noch lange bewahren kann!

Heute belebt neben der Salinenwirtschaft der Tourismus die Wirtschaft der ganzen Region.

1

Rund um den Fuschlsee

Auf bequemen Pfaden um einen malerischen See: Fuschl – Feldbauer-
wiesen – Hundsmarkt – Schloss Fuschl – Wesenau – Fuschl   Karte: B/C 3

leicht

12 km

3,5 Std.

↑ 70 m
↓ 70 m

ja

*Vorher-
gehende
Doppelseite:
Zahlreiche
Uferwege
laden zum
Wandern an
den Salzkam-
mergut-Seen
ein.*

Tourencharakter: Gemütliche Wanderung in lieblicher, manchmal sogar
parkähnlicher Landschaft.
Beste Jahreszeit: Ab etwa April bis in
den späten Herbst.
Ausgangs-/Endpunkt: Fuschl am See.
Parken im Ort.
Wanderkarte: Kompass-WK 17 Salzburger Seengebiet, 1:50000. Kompass-
WK 017 Salzburg und Umgebung,
1:35000. F&B-WK 391 Mattsee –
Wallersee – Irrsee – Fuschl – Mondsee,
1:50000.
Markierungen: Im gesamten Wegverlauf
ausreichend markiert.
Verkehrsanbindung: Fuschl am See
liegt direkt an der Bundesstraße B 158
und ist sowohl von Salzburg (22 km) als
auch vom Wolfgangsee (ca. 10 km) aus

schnell mit dem PKW zu erreichen.
Regelmäßige Busverbindung nach Salz-
burg bzw. am Wolfgangsee entlang
nach Bad Ischl.
Einkehr: Am Ausgangspunkt verschiede-
ne Gast- und Caféhäuser. Am Weg
Jausenstation Berger in Hundsmarkt
(ganzjährig), Holzknechtstüberl in
Wesenau (nur im Sommer).
Unterkunft: Unterkünfte aller Art im
Ausgangsort; weitere Unterkunftsmög-
lichkeiten in den Nachbarorten und
im Jagdhof Fuschl.
Tourist-Info: Fremdenverkehrsverband
5330 Fuschl am See, Dorfstraße 65,
Tel. 06226/8250 oder 8384, Fax 8650;
Tourismusverband Hof, 5322 Hof bei
Salzburg, Tel. 06229/2249, Fax 3453.

Eingebettet in eine liebliche grüne Uferlandschaft liegt der
Fuschlsee am Westrand des Salzkammergutes. Die von den eis-
zeitlichen Gletschern in eigenwilligen Formen gestalteten Berge
der Umgebung und die Siedlungen am Ufer geben dem See sein
typisches Gepräge, das es auf dieser ansprechenden Wanderung
zu entdecken gilt.

*Die Uferan-
lagen von
Fuschl am
See laden den
Gast zum Ver-
weilen ein.*

Der Wegverlauf

Ausgangspunkt unserer Wanderung ist das Ortszentrum von **Fuschl**. Wir benutzen die nördliche Straße zum See und folgen kurz der kleinen Straße Richtung Thalgau. Gleich nach dem Hotel Seewinkel zweigen wir nach links auf den mit Nr. 1 markierten **Norduferweg** ab. Zunächst leitet uns dieser Pfad an steilen und dicht bewaldeten Ufern entlang. Nach etwa 20 Minuten gelangen wir zu den **Feldbauer-Wiesen**. Wir gehen auf den Wiesen immer geradeaus, und schon nach kurzer Zeit nimmt uns wieder das dicht bewaldete Steilufer auf.

Nach 20 Minuten wendet sich der Weg vom Seeufer ab; wenig später betreten wir die offenen Wiesenflächen des Thalgaueggs. Auf einem Fahrweg kommen wir zu einer Verzweigung und halten uns rechts, auf die Häusergruppe von **Hundsmarkt** zu. Hier lockt die **Jausenstation Berger** ganzjährig mit einer verdienten Erfrischung. Auf der Asphaltstraße, die ins Zentrum der Gemeinde Hof führt, gehen wir anschließend etwa 200 m nach Westen, um dann nach links auf den Uferweg abzuzweigen.

Das folgende Wegstück führt durch die Feuchtwiesen und Moorflächen an der **Westspitze des Fuschlsees**. Wenig später erreichen wir den Randbereich eines Golfplatzes. Auf breitem Weg geht es nun am Rande der Spielfläche entlang bis zu einer Wegteilung. Wir wandern halb rechts im Wald steil nach Südosten

Tiefblau glänzend begleitet uns der Fuschlsee auf der Wanderung. hinauf und erreichen einen markanten Punkt oberhalb von **Schloss Fuschl**. Von hier lohnt sich ein kurzer Abstecher zum **Jagdhof Fuschl**, in dem wir neben dem Genuss von Produkten aus Küche und Keller das sehenswerte Jagdmuseum besuchen können.

Unser Wanderweg leitet oberhalb von Schloss Fuschl vorbei und anschließend hinunter zum See. Auf dem Süduferweg (Nr. 4) wandern wir in südöstlicher Richtung, wobei immer wieder kleine Bäche und Gräben zu überwinden sind. Die Wiesen von **Fischern** laden zu einem kurzen Bad im See ein. Auf einer Asphaltstraße wenden wir uns nach links; bald nimmt uns ein Waldweg auf, der an einer düsteren Klamm vorbeileitet. Etwas weiter oberhalb des Sees führt der Weg nach knapp 2 Kilometern hinaus auf die Wiesen rund um **Wesenau**. Durch den Weiler spazieren wir in östliche Richtung und schließlich hinauf zur Bundesstraße B 158, die wir beim Brunnwirt erreichen. Wir folgen der Bundesstraße nun kurz nach links (Osten) und zweigen beim nahen Campingplatz wieder nach links in die Ortseinfahrt von Fuschl ab. Am **Strandbad** vorbei leitet uns der Weg zurück ins Ortszentrum.

Ebenauer Mühlenwanderung

Zu Wasserfällen und historischen Bauernmühlen: Ebenau – Plötz –
Wieselberg-Höhenweg – Watzmannblick – Ebenau   Karte: B 3

2

Tourencharakter: Kurze Wanderung, die aber wegen des teilweise schwierigen und ausgesetzten Wegverlaufs Trittsicherheit und Schwindelfreiheit erfordert.
Beste Jahreszeit: Mai – Oktober.
Ausgangs-/Endpunkt: Ortszentrum bzw. Kirche von Ebenau.
Wanderkarte: Kompass-WK 17 Salzburger Seengebiet, 1:50000. Kompass-WK 017 Salzburg und Umgebung, 1:35000.
Markierungen: Im gesamten Wegverlauf vorhanden; teilweise als „Mühlenwanderung" ausgeschildert.
Verkehrsanbindung: Nach Ebenau ge-

langt man von Salzburg über die Bundesstraße B 158 in Richtung Hof (Osten). Ca. 2 km vor Hof zweigt man nach Süden ab und erreicht nach 5 km Ebenau. Regelmäßige Busverbindung nach Salzburg
Einkehr: Am Ausgangspunkt verschiedene Gasthäuser. Am Weg keine Einkehrmöglichkeit.
Unterkunft: Unterkünfte verschiedener Art im Ausgangsort; weitere Unterkunftsmöglichkeiten in den Nachbarorten.
Tourist-Info: Tourismusverband Ebenau, 5323 Ebenau, Tel. & Fax 06221/8055.

 mittel

 6 km

 2 bis 2,5 Std.

 ↑150 m ↓150 m

 nein

Am äußersten Rande des Salzkammerguts liegt der geruhsame Ferienort Ebenau; nur wenige Kilometer trennen uns von der Landeshauptstadt → **Salzburg**. Dennoch kann man hier Wanderungen genießen, die in eine idyllische Landschaft und zu alten Denkmälern bäuerlicher Kultur führen – die Ebenauer Bauernmühlen aus dem 16. und 17. Jahrhundert.

Der Wegverlauf

Ausgehend vom Ortzentrum von **Ebenau** (Kirche) folgen wir einer asphaltierten Straße nach Westen. Eine Tafel weist in Richtung „Wieselbergwege". Unter der Ortsumfahrung hindurch leitet die Straße langsam zum Siedlungsrand und hinaus auf offene Wiesen, wo wir nach etwa 6 Minuten auf eine Wegteilung stoßen. Wir wenden uns hier nach rechts (Norden) und gehen

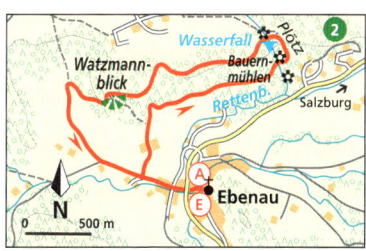

auf dem Sträßchen auf einige Bauernhäuser zu.
Nachdem wir die Höfe passiert haben, steigt der Weg allmählich gegen den Wieselberg hin an, und wir erreichen eine weitere Weggabelung.

2

Auf dem blau gekennzeichneten Weg Nr. 2 gehen wir rechter Hand am Waldrand entlang. Immer wieder fällt unser Blick auf die etwas unter uns liegende Ortschaft. Bei einer Verzweigung oberhalb von mehreren Häusern leitet der Weg halb links in den Wald hinein und dort nach Nordosten aufwärts. Unvermittelt beginnt sich der Weg zu senken und führt in die vom Rettenbach ausgewaschene Waldschlucht der **Plötz** hinunter.

Wir folgen nun dem gekennzeichneten Weg durch die Klamm aufwärts und passieren einige der schon angesprochenen **Bauernmühlen**. Hier wurden verschiedene Getreidesorten gemahlen. Roggen und Weizen diente zum Brotbacken, Hafer wurde

als Viehfutter geschrotet. An einer Verzweigung wandern wir geradeaus weiter zum **Wasserfall in der Plötz**, der 25 Meter in die Tiefe stürzt. Rechts geht es am Wasserfall vorbei und in mehreren Kehren einen steilen Waldhang hinauf. Oben angekommen, gelangt man links zu einer Mühle direkt oberhalb des Wasserfalles. Hier ist Vorsicht geboten, denn auf dem nassen Untergrund kann man leicht abrutschen oder gar abstürzen. Daher ist diese Wanderung für Kinder nur bedingt geeignet.

Rechts geht es neben dem Bach weiter, bis wir zu einer Linksabzweigung

Die Korn-
mühlen sind
Zeugnisse
einer traditio-
nellen bäuer-
lichen Kultur.

des nunmehr als **„Wieselberg-Höhenweg"** bezeichneten Pfades gelangen. Auf dem mit Nr. 3 gelb bezeichneten Pfad geht es nun über die Waldhänge des Wieselberges dahin. In stetigem Auf und Ab wandern wir in südöstliche Richtung. An einer Weggabelung steigen wir in Serpentinen nach rechts (Nordwesten) empor und erreichen nach kurzem, mitunter schweißtreibendem Aufstieg den höchsten Punkt unserer Wanderung, den sogenannten **Watzmannblick** (759 m). Von hier genießen wir eine umfassende Rundschau über die sanft-hügelige Landschaft rund um Ebenau, aber auch auf die Bergwelt der Salzburger Umgebung.

Vom Watzmannblick steigen wir in westlicher Richtung wieder in den Talkessel hinunter, wobei es ähnlich wie am Anstiegsweg mehrere Serpentinen zu überwinden gilt. An einem Fahrweg erreichen wir erneut offene Wiesenflächen und wenden uns hier sogleich nach links. Durch die von menschlicher Bewirtschaftung geprägte Kulturlandschaft leitet der Weg nach Südosten, dem Ausgangspunkt unserer Wanderung entgegen. Nach ca. 1,5 km erreichen wir die schon bekannte Weggabelung, die uns etwa 2 Stunden zuvor in Richtung Wieselberg geleitet hat. Auf der bekannten Asphaltstraße gelangen wir zur Unterführung und zurück ins Zentrum von Ebenau.

Mit lautem Rauschen stürzt das Wasser über die hohe Felsbarriere.

3 Auf den Schober

Schlossruine und Aussichtskanzel mit überraschenden Weitblicken:
Fuschl – Ruine Wartenfels – Schober – Frauenkopf – Fuschl   Karte: C 3

 mittel

 8 km

 3 bis 3,5 Std.

 ↑ 660 m ↓ 660 m

 nein

Tourencharakter: Eine nicht sehr lange, aber wegen einiger exponierter Wegstücke recht anspruchsvolle Wanderung, die Trittsicherheit, Schwindelfreiheit und Erfahrung mit felsigen Passagen erfordert. **Besonderer Hinweis:** Wegen ausgesetzter Wegstücke mit Seilsicherung, Trittklammern und Leiter nur bei trockenem Wetter zu empfehlen!
Beste Jahreszeit: Etwa April bis Oktober. Besonders schön im Frühling und Herbst.
Ausgangs-/Endpunkt: Fuschl am See. Parkmöglichkeiten sind an mehreren Stellen des Ortsgebietes vorhanden.
Wanderkarte: Kompass-WK 17 Salzburger Seengebiet, 1:50000. Kompass-WK 017 Salzburg und Umgebung, 1:35000. F&B-WK 391 Mattsee – Wallersee – Irrsee – Fuschl – Mondsee, 1:50000.

Markierungen: Im gesamten Wegverlauf gut markiert. Nur beim Abstieg vom Frauenkopf können kurzfristig Orientierungprobleme auftreten.
Verkehrsanbindung: Fuschl am See liegt direkt an der Bundesstraße B 158 und ist sowohl von Salzburg (22 km) als auch vom Wolfgangsee (ca. 10 km) aus schnell mit dem PKW zu erreichen. Regelmäßige Busverbindung nach Salzburg bzw. am Wolfgangsee entlang nach Bad Ischl.
Einkehr: Am Ausgangspunkt verschiedene Gast- und Caféhäuser. Am Weg Gasthof Schlössl (ca. Ostern bis 26. Oktober).
Unterkunft: Unterkünfte aller Art im Ausgangsort.
Tourist-Info: Fremdenverkehrsverband Fuschl am See, Dorfstraße 65, 5330 Fuschl, Tel. 06226/8250 oder 8384, Fax 8650.

Der freistehende Gipfel des Schober bietet einen eindrucksvollen Panoramablick.

Es müssen nicht immer hohe Berge sein, die eine eindrucksvolle Rundschau über eine Landschaft ermöglichen. Der Schober (1328 m) ist ein klassisches Beispiel für einen derartigen wenig beachteten Aussichtsberg. Dennoch überrascht schon der Anstieg mit bemerkenswerten Ausblicken auf das nördliche Salzkammergut.

Der Wegverlauf

Vom Ortszentrum von **Fuschl** gehen wir in nordwestlicher Richtung zum See und folgen der Thalgauer Straße nach Norden bis zum Hotel Waldhof. Hier zweigt rechts ein mit Nr. 10 bezeichneter Karrenweg ab, der uns durch den Wald und über Wiesen zügig emporleitet. In den sonnenbeschienenen Waldsäumen kann man im Frühling die Blüten des seltenen Aronstabes entdecken. Vorbei am Hof des **Schoberbauern** geht es über eine langgestreckte Wiesenzunge geradeaus weiter. Etwas später passieren wir das Gehöft Musch und gelangen schließlich am bewaldeten Westabhang des Schober entlang zum **Gasthof Schlössl** (924 m). Weiter auf dem mit Nr. 10 bezeichneten Weg erreichen wir rechter Hand nach wenigen Minuten Anstieg die **Ruine Wartenfels** mit einer Aussichtsplattform und Rastbänken. Bereits an dieser Stelle eröffnet sich eine attraktive Aussicht auf den Flachgau und die nördlichen Ausläufer des Salzkammergutes.

Auf dem steilen, bewaldeten Berghang gewinnen wir nun sehr rasch an Höhe. In zahlreichen Serpentinen führt der Steig durch die Westflanke des Schober. Einen Felsturm im Gipfelbereich umgeht man an seiner Basis. Zuletzt geht es über ausgesetzte, aber gut mit Drahtseilen gesicherte Felsen zum **Gipfel des Schober** (1328 m) empor. Vom Gipfelkreuz genießen wir eine umfassende Rundschau auf sieben verschiedene Seen und die sanfte Hügellandschaft der Salzburger Umgebung. Hier sollten wir es nicht versäumen, einen Blick in das Gipfelbuch zu werfen und uns einzutragen.

Für den Übergang zum Frauenkopf steigen wir zunächst an Trittklammern und Drahtseilen einige Meter nach Süden ab; hier bietet sich eine

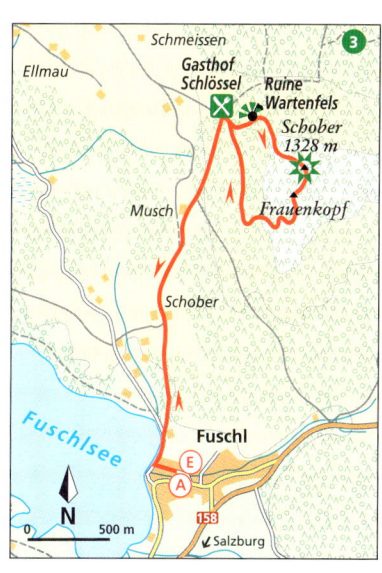

3

Unterstandshütte mit Tischen und Rastbänken für eine kurze Verschnaufpause an. Über eine kurze Leiter geht es weiter abwärts. Über die bewaldete Ostseite des Gipfelgrates erreichen wir nach einigem Auf und Ab im felsdurchsetzten Gelände nach kurzer Zeit den **Frauenkopf**, der ebenfalls von einem Gipfelkreuz gekrönt ist.

Für den weiteren Abstieg halten wir uns an den Serpentinenpfad, der durch die steile, bewaldete und mit Felsen durchsetzte Südrippe hinunterzieht. An zwei eher unscheinbaren Weggabelungen wenden wir uns nach rechts und kommen in die Südwestflanke des Schober, wo es in weiteren Kehren talwärts geht. Nach einer langen Hangquerung in Richtung Norden kommen wir wieder zum Gasthof Schlössl und folgen dem Aufstiegsweg zurück nach Fuschl.

Zahlreiche Sagen ranken sich um die Gemäuer der Ruine Wartenfels.

Zur Kapelle auf dem Kolomansberg

Am nordwestlichsten Vorberg des Salzkammergutes: Mondsee –
Gasthof Leidinger – Schernthan – Kolomanskapelle – Mondsee Karte: B/C 2

4

Tourencharakter: Eine trotz ihres beträchtlichen Höhenunterschiedes bequeme Wanderung durch traditionelle Kulturlandschaften und schöne Laubmischwälder. Altes Wallfahrtsziel.
Beste Jahreszeit: Ab etwa April bis in den späten Herbst.
Ausgangs-/Endpunkt: Zentrum der Gemeinde Mondsee.
Wanderkarte: Kompass-WK 17 Salzburger Seengebiet, 1:50000. F&B-WK 391 Mattsee – Wallersee – Irrsee – Fuschl – Mondsee, 1:50000.
Markierungen: Im gesamten Wegverlauf gut markiert; Orientierung durch zahlreiche Kreuzwegstationen und Marterln zusätzlich erleichtert.
Verkehrsanbindung: Die Marktgemeinde Mondsee liegt direkt an der Westautobahn A1 und verfügt über eine eigene Ausfahrt. Gute Straßenverbindungen bestehen zu allen umliegenden Orten. Regelmäßiger Busverkehr verbindet den Ort mit Salzburg und allen größeren Umlandgemeinden.
Einkehr: Im Ausgangsort verschiedene Gast- und Caféhäuser. Am Weg Gasthof Leidinger (ganzjährig geöffnet; auch mit dem PKW zu erreichen).
Unterkunft: Unterkünfte aller Art im Ausgangsort.
Tourist-Info: Tourismusverband Mondseeland, Dr. Müller Straße 3, 5310 Mondsee, Tel. 06232/2270, Fax 4470.
Über eine andere Route ist der Kolomansberg auch mit dem **Mountainbike** erreichbar!

 mittel

 14 km

 4 Std.

 ↑ 600 m ↓ 600 m

☺ ja

Ausgehend von einem der nördlichsten Seen des Salzkammergutes und dem malerischen Markt → **Mondsee** wandern wir durch alte Kulturlandschaft und über einen bewaldeten Höhenrücken zu einem traditionellen Wallfahrtskirchlein. Es ist die letzte vollständig erhaltene Holzkirche Österreichs!

Votivgaben in der Kapelle zeugen vom lebendigen Volksglauben.

Der Wegverlauf

Vom **Marktplatz** der Gemeinde Mondsee spazieren wir durch die Rainerstraße aus dem Ort hinaus zur dicht befahrenen Umfahrungsstraße. Auf dieser gehen wir nach rechts (Norden) bis zur Aral-Tankstelle. Gegenüber leitet uns die Viktor-Kaplan-Straße zu den Häusern des Ortsteiles Gaisberg empor. Allmählich öffnet sich der freie Blick auf den malerischen Mondsee und die umliegenden Dörfer. In westlicher Richtung steigen wir zum Rand der geschlossenen Siedlung auf und gelangen zu einer Unterführung unter der Westautobahn. Danach führt der Weg leicht ansteigend über weite Wiesenflächen hinauf zum **Gasthof Leidinger** (610 m). Für weitere ca. 100 Meter leitet der Weg über die Wiesenflächen zu einem Gehöft bzw. einer Weggabelung. Wir halten uns rechts und folgen dem nunmehr mit Nr. 8 gekennzeichneten Pfad am Südostrücken des Kolomansberges aufwärts. Zunächst geht es noch ein kurzes Stück über Wiesen, doch allmählich nimmt uns der Wald auf. Nach etwa einer Stunde ab dem Gasthof erreichen wir wieder eine kleine Wiesenfläche. Die Örtlichkeit wird in den Karten als Schernthan bezeichnet.

Nach wenigen Schritten kommt man wieder in den Wald, wo es weiter dem Gipfel entgegengeht. Bei einem Baum mit Marterl verlassen wir den breiten Weg und halten uns rechts. Über den steiler werdenden Gipfelkamm erreichen wir eine Asphaltstraße,

auf der wir in wenigen Minuten geradeaus weiter zur Kapelle des hl. Koloman gelangen.

Die Kapelle aus dem 17. Jahrhundert ist seit jeher ein beliebter Wallfahrtsort. Als letzte Holzkirche Österreichs ist sie in ihrem ursprünglichen Zustand erhalten geblieben. Der eigentliche Gipfel des Kolomansberges ist für den Wanderer nicht erreichbar. Er gilt als einer der strategisch wichtigsten Punkte des österreichischen Alpenvorlandes und ist daher militärisches Sperrgebiet.

Für die Rückkehr nach Mondsee nutzen wir den Anstiegsweg. Da wir nun abwärts gehen, haben wir an den Wiesenstellen freien Blick über das Mondseeland, mit immer wieder neuen und überraschenden Ausblicken. Obwohl wir den Weg schon kennen, wirkt der Abstieg fast wie eine zweite Wanderung.

Die Holz-kirche auf dem Kolo-mansberg ist die letzte ihrer Art in Österreich.

5 Von St. Gilgen nach St. Wolfgang

Auf den Spuren mittelalterlicher Wallfahrer:
St. Gilgen – Fürberg – Falkenstein – Ried – St. Wolfgang   Karte: C/D 3

 leicht

 9 km

 3 Std.

 ↑ 200 m ↓ 200 m

 ja

Tourencharakter: Eine problemlose, erholsame Wanderung auf wenig befahrenen Straßen und breiten Wegen. Der Weg leitet teilweise direkt am Seeufer entlang und folgt in einem großen Teil dem Verlauf traditioneller Pilgerwege.
Beste Jahreszeit: Ab etwa April bis in den späten Herbst.
Ausgangs-/Endpunkt: St. Gilgen am Wolfgangsee/ St. Wolfgang bzw. St. Gilgen.
Wanderkarte: Kompass-WK 18 Nördliches Salzkammergut, 1:50000. Kompass-WK 018 Wolfgangsee, 1:35000. F&B-WK 282 Attersee – Traunsee – Höllengebirge – Mondsee – Wolfgangsee, 1:50000.
Markierungen: Im gesamten Wegverlauf Hinweisschilder und ausreichende Wegmarkierung. Im Bereich der Falkensteinschlucht auch zahlreiche Bildstöcke und andere Andachtsstätten.
Verkehrsanbindung: St. Gilgen ist ein wichtiger Verkehrsknotenpunkt und aus verschiedenen Richtungen zu erreichen. Von der Westautobahn A1 kommend, benutzt man die Abfahrt Mondsee und folgt der B 154 am Ufer des Sees entlang und über einen kleinen Sattel di-

rekt nach St. Gilgen. Die Salzkammergut-Bundesstraße B 158 verbindet den Ort mit der Stadt Salzburg und dem weiter östlich liegenden Bad Ischl. In alle genannten Ortschaften bestehen auch regelmäßige Busverbindungen mit verschiedenen Linien. St. Gilgen ist auch Station der Wolfgangsee-Schiffahrt (ideal für die Rückkehr zum Ausgangsort).
Einkehr: Am Ausgangspunkt und im Zielort Einkehrmöglichkeiten aller Art. Am Weg Gasthof Fürberg (Palmsonntag bis 20. Oktober) und mehrere Gasthöfe in Ried.
Unterkunft: Unterkünfte aller Art im Ausgangs- und Zielort.
Tourist-Info: Tourismusverband St. Gilgen, Mozartplatz 1, 5340 St. Gilgen, Tel. 06227/2348 und 7267, Fax 72679. Kurdirektion St. Wolfgang, Postfach 2, 5360 St. Wolfgang, Tel.06138/2239, Fax 223981. ÖBB Wolfgangsee-Schiffahrt & Schafbergbahn, Markt 35, 5360 St. Wolfgang, Tel. 06138/22320, Fax 223212.
Besonderer Hinweis: Am Seeufer locken Badeplätze zu einer wohlverdienten Erfrischung.

Steil fallen die Felsen des Falkensteins gegen den Wolfgangsee ab.

Ein wesentlicher Teil der hier vorgestellten Wanderung folgt einem alten Pilgerweg, auf dem schon im Mittelalter zahllose Gläubige aus dem Salzburger Land auf ihrer Wallfahrt nach → **St. Wolfgang** unterwegs waren. Besonders in der Falkenschlucht stößt man auf zahlreiche Andachtsstätten, Kapellen und andere Relikte des alten Volksglaubens.

Der Wegverlauf

Von der **Pfarrkirche** im Zentrum von → **St. Gilgen** spazieren wir über den Streicherplatz in Richtung Norden. An einer Straßenteilung gehen wir rechts in die Mondseer Straße, die zum Ufer des Sees hinunterleitet. Schon nach wenigen

Schritten am Seeufer gelangen wir zu einer neuerlichen Weggabelung, an der wir uns wiederum rechts halten und auf dem mit Nr. 28 gekennzeichneten Weg zu den Häusern des Ortsteiles **Brunnwinkl** hinuntergehen. Kurz bevor der in nordöstliche Richtung verlaufende Weg auf die darüber entlangführende Bundesstraße hinaufzieht, wenden wir uns scharf nach rechts und folgen – immer direkt am See entlang – der **Uferpromenade**. Dieser malerisch angelegte Weg eröffnet uns immer wieder prachtvolle Ausblicke auf St. Gilgen und den westlichen Teil des Wolfgangsees. Ohne merkliche Höhenunterschiede leitet die Promenade zur Fürberger Bucht mit dem **Gasthof Fürberg**, den wir nach etwa einer Stunde gemütlicher Wanderung erreichen.

Auf der Uferstraße gehen wir weiter in südöstlicher Richtung und gelangen in eine hübsche Badebucht, die zu einer Erfrischung in den kühlenden Fluten des Sees einlädt. Hier teilt sich der Wanderweg. Der mit Nr. 28 gekennzeichnete breite Pfad führt nach links in Richtung Falkenstein. Durch den Waldgraben der Falkenschlucht geht es nun auf dem alten Pilgerweg teilweise recht steil empor. Der Weg ist zwar nicht schwierig, verlangt aber durch die kurzzeitig massive Steigung einiges an Ausdauer. Nach etwa einem halben Kilometer ab der letzten Weggabelung erreichen wir das Scheffel-Denkmal. Es erinnert an Josef Victor von Scheffel

5 (1826-1886), den Verfasser der Bergpsalmen. Beim Denkmal zeigt eine Hinweistafel nach rechts zum Scheffelblick hoch über dem See. Wir halten uns jedoch links und bleiben weiterhin auf dem alten Wallfahrtsweg durch die Falkenschlucht, an dem zahlreiche Marterln, Andachtsstätten und alte Votivbilder an die frühere Bedeutung dieses Pfades erinnern.

Nach einem weiteren kurzen, aber dennoch schweißtreibenden Anstieg erreichen wir die in einer Felsverflachung gelegene **Wolfgangkapelle** mit ihrer angeblich wunderwirkenden Glocke. Im

Graben geht es weiter zum nächsten Kirchlein, das Wunderwasser-Kapelle genannt wird. Nach den alten Überlieferungen der Pilger soll die Quelle, die hier entspringt, gegen Augenleiden sehr wirksam sein. Die Legende weiß sogar von Blinden zu berichten, die hier wieder sehend wurden.

Eine Landschaft zum Träumen: die idyllische Fürberger Bucht.

Nur ein kurzes Wegstück nach der Kapelle erreichen wir den Scheitelpunkt unserer Wanderung am **Falkensteinsattel** (ca. 795 m). Jenseits des Sattels senkt sich der Wanderweg an den bewaldeten Abhängen des Schafsberges etwas hinab zum Rubritzbach. Kurz nach der Überquerung des Baches folgen wir einem Güterweg nach links. Bald darauf treten wir aus dem Wald hinaus und wandern hinunter auf die Wiesen des St. Wolfganger Ortsteiles **Ried**. Im Siedlungsbereich erreichen wir die Rieder Uferstraße, der wir für ein kurzes Stück in östliche Richtung folgen. Im Ortsbereich zweigt wenig später die Obere Rieder Straße nach halb links ab und leitet abseits des Verkehrs auf der Uferstraße oberhalb des Sees weiter ins Zentrum von St. Wolfgang, dem sehenswerten Zielort unserer Wanderung.

Für die Rückkehr zum Ausgangspunkt in St. Gilgen bietet sich eine Fahrt mit einem Linienschiff der Österreichischen Bundesbahnen an. Die Schiffe verkehren zwischen 1. Mai und 26. Oktober zwischen 9:00 und 18:00 Uhr, im Hochsommer zwischen 8:45 und 20:30 Uhr, nahezu stündlich und ermöglichen eine gemütliche Rückkehr zum Ausgangspunkt mit eindrucksvollen Ausblicken auf den Falkenstein und die Fürberger Bucht.

Auf das Zwölferhorn

Aussichtsreicher Abstieg vom St. Gilgener Hausberg:
St. Gilgen – Zwölferhorn – Elferkogel – Sausteigalm – St. Gilgen Karte: C 3

6

Tourencharakter: Ein nicht besonders schwieriger, aber teilweise recht steiler Direktabstieg vom Hausberg St. Gilgens mit überraschenden Ausblicken und teilweise atemberaubender Tiefsicht auf Ort und See. Trittsicherheit erforderlich.
Beste Jahreszeit: 1. Mai bis 31. Oktober (gebunden an die Sommerbetriebszeiten der Seilbahn: täglich von 9:00 bis 17:00 Uhr, von Juni bis August bis 18:00 Uhr; Auffahrten durchgehend, bei Schlechtwetter zur vollen Stunde).
Ausgangs-/Endpunkt: St. Gilgen am Wolfgangsee, Talstation der Zwölferhornbahn.
Wanderkarte: Kompass-WK 18 Nördliches Salzkammergut, 1:50000. Kompass-WK 018 Wolfgangsee, 1:35000. F&B-WK 282 Attersee – Traunsee – Höllengebirge – Mondsee – Wolfgangsee, 1:50000.
Markierungen: Im gesamten Wegverlauf Hinweisschilder und gute Wegemarkierungen. Orientierung durch Seilbahntrasse und Einkehrmöglichkeiten erleichtert.
Verkehrsanbindung: St. Gilgen ist ein

wichtiger Verkehrsknotenpunkt. Von der Westautobahn A1 benutzt man die Abfahrt Mondsee und folgt der B 154 nach St. Gilgen. Die Salzkammergut-Bundesstraße B 158 verbindet die Stadt Salzburg über St. Gilgen mit Bad Ischl. In alle genannten Orte bestehen auch regelmäßige Busverbindungen mit verschiedenen Linien. St. Gilgen ist auch Station der Wolfgangsee-Schifffahrt.
Einkehr: Am Ausgangspunkt und im Zielort Einkehrmöglichkeiten aller Art. Am Weg Stüberl an der Bergstation der Seilbahn, Berghof Zwölferhorn, Gasthof Sausteigalm und Gasthof Weißwand (Öffnungszeiten entsprechen den Betriebszeiten der Seilbahn).
Unterkunft: Unterkünfte aller Art im Ausgangsort.
Tourist-Info: Tourismusverband St. Gilgen, Mozartplatz 1, 5340 St. Gilgen, Tel. 06227/2348 und 7267, Fax 72679. Zwölferhorn-Seilbahn, Raiffeisenplatz 3, 5340 St. Gilgen, Tel. 06227/2350, Fax 23504.

 mittel

 5 km

 2,5 Std.

 ↑ 40 m ↓ 980 m

  nein

Diese Wanderung führt vom Hausberg der Mozartgemeinde St. Gilgen über teilweise recht steile Wege zu Tal. Immer wieder können wir dabei grandiose Ausblicke auf die Bergwelt und den tief unter uns liegenden Wolfgangsee genießen.

Tief unter uns liegt wie eine leuchtende Perle der Wolfgangsee.

Der Wegverlauf

Von der **Talstation** direkt an der Salzkammergut-Bundesstraße bringen uns die nostalgisch wirkenden Viererkabinen in 16 Minuten auf die Flanke des Zwölferhorns. Zunächst sollte man auf keinen Fall versäumen, den etwa 10-minütigen Anstieg auf das **Zwölferhorn** (1521 m) zu wagen. Der Berg bietet eine umfassende **Rundschau**.

6 Sogar bekannte Bergriesen der Nördlichen Kalkalpen, wie etwa Untersberg, Watzmann und Steinernes Meer, können wir an klaren Tagen in der Ferne erblicken.

Für den Abstieg gehen wir zunächst wieder zurück zu den Sonnenterrassen an der Bergstation und danach weiter auf dem Höhenrücken zu einem Aussichtspunkt. Auf dem mit Nr. 1 bzw. 855 bezeichneten Weg geht es über den grasbewachsenen Kamm steil abwärts zu einem Wiesensattel mit einem Wegekreuz. Wir wählen Weg Nr. 1A, der nochmals etwas aufwärts zum Felsgipfel des **Elferkogels** (1376 m) leitet.

Über den sehr steilen, bewaldeten Nordrücken dieses Berges steigen wir anschließend in vielen Serpentinen in nordwestlicher Richtung ab. Schon bald erblicken wir zwischen den Bäumen hindurch den auf einer freien Wiesenschulter liegenden Berggasthof **Sausteigalm** (1110 m), den wir nach Unterquerung der Zwölferhornseilbahn erreichen. Auf der Almzufahrtsstraße führt die weitere Route über den grasigen Höhenrücken des Langriedels gegen Nordwesten. An einigen Heuhütten vorbei erreichen wir eine Weggabelung, an der wir dem wieder mit Nr. 1 bzw. 855 bezeichneten Weg in den Wald hinein folgen. An der nächsten Kreuzung leitet uns die Markierung Nr. 1 nach rechts in Richtung Gasthof Weißwand, den wir nach einem recht steilen Abstieg erreichen. Der Gasthof liegt in sehr exponierter Lage und

Einmaliges Panorama: der Blick vom Zwölferhorn ist ein atemberaubendes Erlebnis.

erlaubt einen wahrhaft atemberaubenden Tiefblick auf St. Gilgen.

Auf Steig Nr. 1 geht es nun kurz nach Osten, bis man auf einen querenden Weg trifft, dem wir nach links folgen. Um eine Hügelkante herum erreichen wir die Margaretenhöhe mit ihrem Aussichtspavillon. Über Stufen geht es in westlicher Richtung zum Fuß der Weißwand, anschließend in Kehren nach rechts hinunter und durch den Wald zu den ersten Häusern von St. Gilgen. Hier folgen wir zunächst der Helenenstraße, später dem Breitfeldweg hinunter zur Bundesstraße und damit auch zur Talstation der Seilbahn, dem Ausgangspunkt unserer Wanderung.

7 Auf dem Schafberg

Dreiseentour nach St. Wolfgang: St. Wolfgang – Schafberg – Suissen-, Mitter- und Mönichsee – Vormaueralm – St. Wolfgang   Karte: D 3

 anspr.

 13 km

🕐 4 Std.

↑ 250 m
↓ 1200 m

 nein

Tourencharakter: Eine lange, auch technisch recht anspruchsvolle Wanderung mit großem Höhenunterschied und in abschnittsweise schwierigem Gelände. Trittsicherheit und Schwindelfreiheit erforderlich. Bei Nässe, Schnee oder Vereisung ist von dieser Tour abzuraten.

Beste Jahreszeit: Je nach Schneelage Mitte Mai bis Ende Oktober.

Ausgangs-/Endpunkt: St. Wolfgang, Talstation der Schafbergbahn.

Wanderkarte: Kompass-WK 18 Nördliches Salzkammergut, 1:50000. Kompass-WK 018 Wolfgangsee, 1:35000. F&B-WK 282 Attersee – Traunsee – Höllengebirge – Mondsee – Wolfgangsee, 1:50000.

Markierungen: Im gesamten Wegverlauf Hinweisschilder und ausreichende Wegemarkierung. Orientierungssinn in alpinem Gelände von Vorteil.

Verkehrsanbindung: St. Wolfgang ist mit Bahn, Bus oder Schiff leicht aus allen Umlandgemeinden zu erreichen. Für die Auffahrt auf den Schafberg benutzt

man die Schafbergbahn mit Talstation im westlichen St. Wolfgang. Betriebszeiten: 1. Mai bis 26. Oktober täglich von 9:00 bis 15:00 Uhr stündliche Bergfahrten. 3. Juli bis 5. September bereits ab 8:00 Uhr. Letzte Talfahrt in der Regel 16:00 Uhr.

Einkehr: Am Ausgangspunkt Einkehrmöglichkeiten aller Art. Am Weg Berghotel Schafbergspitze, Schutzhaus Himmelspforte (Öffnungszeiten entsprechen den Betriebszeiten der Zahnradbahn).

Unterkunft: Unterkünfte aller Art im Ausgangsort, auch die beiden Einkehrmöglichkeiten verfügen über insgesamt 85 Betten.

Tourist-Info: Kurdirektion St. Wolfgang, Postfach 2, 5360 St. Wolfgang, Tel. 06138/2239, Fax 223981. ÖBB Wolfgangsee-Schiffahrt & Schafbergbahn, Markt 35, 5360 St. Wolfgang, Tel. 06138/22320, Fax 223212.

Besonderer Hinweis: Am 1300 m hoch gelegenen Mönichsee Bademöglichkeiten.

Diese anspruchsvolle Bergwanderung bietet alles, was das Herz des verwöhnten Salzkammergutwanderers begehrt: prachtvolle Ausblicke, Wege in alpinem Gelände, einen Abstieg mit mehreren Bergseen, von denen jeder seinen eigenen Charakter hat, und nicht zuletzt einen der malerischsten Seeorte Österreichs als Ausgangs- und Zielpunkt der Tour.

Alles einsteigen! Die kühn angelegte Zahnradbahn bringt uns schnell in luftige Höhen.

7

Der Wegverlauf

Nach der Auffahrt mit der alten, dampfbetriebenen **Schafbergbahn** stehen wir auf einem der umstrittensten Berge des Salzkammergutes. Für viele Besucher ist er „der" Aussichtsberg schlecht-
hin, für andere ein warnendes Beispiel, wie Massentourismus zu
Naturzerstörung führen kann. Doch nur der Umkreis der Bergstation leidet unter derartigen Beeinträchtigungen. Auf unserer langen Abstiegsvariante kann man noch eine ungestörte Bergwelt
erleben.

Von der Bergstation wandern wir zunächst in westlicher Richtung, am Berghotel Schafbergspitze vorbei, zum **Schutzhaus
Himmelspforte**. Auf Weg Nr. 18 bzw. 804 geht es geradeaus abwärts zur engen Scharte, die dem Schutzhaus zu seinem Namen
verholfen hat. Hier verweist – durchaus zweideutig – ein Torbogen mit der Aufschrift „Himmelspforte" auf den Eintritt ins Para-
dies. Zweideutig deshalb, weil einerseits der Ausblick wirklich
bemerkenswert und wunderbar ist, andererseits, weil in der steilen Nordflanke des Schafberges durchaus Absturzgefahr besteht!
Auf der Nordseite des Berges geht es nun durch recht schwieriges
Felsgelände gegen Osten. Bei rutschigen Wetterbedingungen
sollte man dieses Wegstück
nicht begehen. Besonders im
Herbst ist Vorsicht geboten:
Während die Südseite des
Berges noch mit milden
Temperaturen lockt, kann es
hier schon sehr kalt sein;
nicht selten sind die Wege
dann vereist und nur von
sehr erfahrenen und optimal
ausgerüsteten Alpinisten zu
bewältigen. Bei trockener
Witterung bereitet der an
den stark exponierten Stellen
mit Drahtseilen versicherte
Weg dem Bergerfahrenen jedoch keine Probleme. Bald
geht der Pfad steil hinunter
in eine Mulde, bis wir

7

schließlich am Fuß der Schafbergwände auf ebenem Weg nach rechts zu einer Hangschulter gelangen.

Von hier steigen wir kurz gegen den **Suissensee** hin ab und kommen am linken Rand der Karmulde zu einer Verzweigung. Auf dem Weg Nr. 17 rechts gehend, wandern wir durch mit Felsen und Wald durchsetztes Gelände gegen Osten. Um eine markante Bergkante herum erreichen wir den malerischen Mittersee, der genau auf der Grenze zwischen den Bundesländern Salzburg und Oberösterreich liegt. Hoch über uns erkennen wir das Gipfelkreuz auf dem Törlspitz (1589 m).

Exponierte Wegstellen sind gut gesichert.

Obwohl wir nun schon ein beträchtliches Stück vom Schafberggipfel abgestiegen sind, ist der Weg weiterhin anspruchsvoll und hat alpinen Charakter. Über Wiesenflächen steigen wir steil gegen Süden empor zu einer Scharte. Nun zieht sich der Steig unter den Ostwänden des Törlspitz entlang, wobei es immer wieder stark mit Geröll durchsetzte Hänge zu queren gilt. Schließlich senkt sich der Weg jedoch zügig hinunter in den Wald, und wenig später erreichen wir den **Mönichsee** (1300 m). Hartgesottene Naturen finden hier Badeplätze für eine willkommene Abkühlung. Doch soll an dieser Stelle nicht verschwiegen werden, dass der See aufgrund seiner beträchtlichen Tiefe von immerhin 38 m auch im Sommer recht frisch bleibt.

Vom Mönichsee wandern wir auf Weg Nr. 27 in südöstliche Richtung weiter. Nochmals geht es leicht bergan. Unter einem wenig markanten Geländepunkt erreichen wir alte, aufgegebene Bergmähder, die der Wald allmählich wieder zurückerobert. Obwohl es kaum Wegverzweigungen gibt, können hier eventuell Orientierungsprobleme auftreten. Noch auf den offenen Flächen wendet sich der Weg langsam gegen Süden und leitet in den Wald hinunter. Kurze Zeit später erreichen wir neuerlich eine offene Fläche, auf der die malerische **Vormaueralm** (um 1340 m) liegt.

Auf der Fläche der Alm verlassen wir Weg Nr. 27 und folgen rechts Weg C steil in den Wald hinunter. Das weitere Wegstück bis hinunter nach St. Wolfgang wird auch als Gimpelsteig bezeichnet. Bald nach unserem Eintritt in den Wald passieren wir eine Quelle und steigen in südwestlicher Richtung zu einem Fahrweg ab. Auf diesem gelangen wir an die Südseite des Vormauersteins (1450 m). In weiten Kehren wandern wir durch den Wald talwärts. Wir treffen auf eine Forststraße und erreichen bald darauf den **Ahornplatz**. Nun geht es auf einer asphaltierten Fahrstraße weiter über die Wiesen um St. Wolfgang. Wir wandern fast exakt in südliche Richtung, bis wir auf die Michael-Pacher-Straße treffen. Rechts haltend spazieren wir durch das Ortsgebiet von St. Wolfgang und erreichen bald die Talstation der Schafbergbahn – eine erlebnisreiche Wanderung ist zu Ende!

Die Tour auf den Schafberg ist ein beeindruckendes Erlebnis!

8 Zum Haleswiessee

Unbekanntes Kleinod abseits der Touristenströme: Rußbach – Lippenalm – Fachbergsattel – Haleswiessee – Lippenalm – Rußbach   Karte: D/E 3

mittel

14 km

3,5 Std.

↑ 350 m
↓ 350 m

ja

Tourencharakter: Diese wenig schwierige Wanderung folgt Forststraßen, Waldwegen und teilweise schwer erkennbaren Pfaden durch eine unberührte Naturlandschaft zu einem idyllischen Karstsee und zu blumenreichen Waldwiesen.

Beste Jahreszeit: Mai bis in den Spätherbst.

Ausgangs-/Endpunkt: Ortsteil Rußbach der Gemeinde Strobl am Wolfgangsee.

Wanderkarte: Kompass-WK 18 Nördliches Salzkammergut, 1:50000. Kompass-WK 018 Wolfgangsee, 1:35000. F&B-WK 282 Attersee – Traunsee – Höllengebirge – Mondsee – Wolfgangsee, 1:50000.

Markierungen: Wegmarkierungen zu

einem großen Teil nur unzureichend, daher gutes Orientierungsvermögen nötig.

Verkehrsanbindung: Die kleine Ortschaft Rußbach ist über eine schmale Landesstraße von den Orten Strobl, St. Wolfgang und Bad Ischl leicht mit dem PKW zu erreichen. Von den genannten Orten bestehen auch regelmäßige Busverbindungen mit Haltestelle in Rußbach.

Einkehr: Keine.

Unterkunft: Unterkünfte aller Art in der Gemeinde Strobl und allen Umlandgemeinden.

Tourist-Info: Tourismusverband Strobl, Dorfplatz, 5350 Strobl am Wolfgangsee, Tel. 06137/7855 und 6255, Fax 5958.

Neben den zahlreichen landschaftlichen Highlights des Salzkammergutes schlummern einige Schönheiten im Verborgenen, so auch das Ziel dieser Wanderung. Neben dem Karstsee bestechen vor allem die orchideenreichen Waldwiesen, die ab etwa Mitte Mai bis in den Frühsommer hinein in voller Pracht erblühen.

Zur Blütezeit sind die Wiesen um den Haleswiessee mit Orchideen übersät.

Der Wegverlauf

Zunächst wandern wir auf der asphaltierten Straße durch den Weiler Rußbach Richtung Schwarzensee. An schönen Sommertagen kann selbst hier auf der Nebenstraße ein dichter Ausflüglerverkehr herrschen. Nach etwa 20 Minuten erreichen wir rechter Hand die Abzweigung der Haleswies-Forststraße, der wir ab hier folgen.

Die Forststraße ist mit Nr. 811 bezeichnet. An einer ersten Wegabzweigung bleiben wir links auf der Forststraße und passieren kurz darauf die **Rußbachalm**. Noch am Rande der Almfläche überqueren wir auf einer Brücke den Rußbach und steigen durch den Wald am anderen Ufer allmählich gegen die Lippenalm hin auf. Eine Zeit lang folgt der Wegverlauf noch dem Tal des Rußbaches, wendet sich aber bald etwas nach Westen hinauf zu den offenen Wiesen der **Lippenalm** (ca. 760 m).

Kurz nach der Alm kommen wir zu einer Weggabelung und halten uns halb links auf Weg Nr. 811 aufwärts zu einer Linkskehre.

Auf dem breiten Haleswiesweg gehen wir nun geradeaus weiter und gelangen in die dicht bewaldete Südflanke des **Breitenbergs** (1412 m). Die Orientierung ist in diesem Bereich des Wegverlaufes recht schwierig, da man sich teilweise in dichtem Wald aufhält und Wegmarkierungen nur unzureichend vorhanden sind. In nordöstlicher Richtung wandern wir sanft aufwärts und erreichen auf einer Wiesenfläche im Bereich des **Fachbergsattels** (900 m) den höchsten Punkt unserer Tour.

Nun wird es orientierungsmäßig recht schwierig, da der weitere Wegverlauf

8 weder ausgeschildert noch markiert ist. Gleich zu Beginn der Wiese am Fachbergsattel halten wir uns scharf rechts und gehen zunächst durch Wald, später über mehrere Wiesen steil abwärts zur **Hinterhaleswiesalm** (828 m). Hier stoßen wir auf einen Fahrweg, dem wir in den Rußbachgraben in südöstlicher Richtung talauswärts folgen. Bald taucht in einer Mulde rechts von uns der **Haleswiessee** auf. In seiner Umgebung bestechen blumenreiche Wiesen mit ihrer Blütenpracht.

Der weitere Weg führt links am See vorbei. Auf einem Fahrweg steigen wir in südwestlicher Richtung wieder in den Wald auf, erreichen eine Anhöhe und von hier links eine Forststraße. Auf dieser gehen wir zunächst rechts, dann links und nochmals rechts zurück zur schon bekannten Lippenalm und folgen ab dort wieder dem Anstiegsweg zur Schwarzensee-Straße bzw. nach Rußbach.

Nach der Wanderung lockt der nahe gelegene Schwarzensee zu einem erfrischenden Bad.

Burggrabenklamm und Schwarzensee

Wildromantische Landschaft am Südende des Attersees: Burgbachau - Burggrabenklamm – Im Moos – Schwarzensee – Burgbachau   Karte: D 3

9

 mittel

 14 km

 4,5 Std.

 ↑ 400 m ↓ 400 m

 nein

Tourencharakter: Wanderung mit vielen malerischen Ansichten, von bizarrer Klammlandschaft bis zu blumenreichen Feuchtwiesen. An sich technisch nicht sehr anspruchsvoll; in der Klamm sind jedoch Trittsicherheit und Schwindelfreiheit nötig.

Beste Jahreszeit: Mai bis in den Spätherbst.

Ausgangs-/Endpunkt: Gasthof Jagerwirt in Burgbachau an der Attersee-Süduferstraße.

Wanderkarte: Kompass-WK 18 Nördliches Salzkammergut, 1:50000. F&B-WK 282 Attersee – Traunsee – Höllengebirge – Mondsee – Wolfgangsee, 1:50000.

Markierungen: Wegmarkierungen meist ausreichend, ansonsten Orientierung nach dem Bachverlauf problemlos möglich.

Verkehrsanbindung: Die kleine Ortschaft Burgbachau mit dem Ausgangspunkt liegt direkt an der Attersee-Süduferstraße. Eine Anreise mit dem PKW ist von allen Orten des Umlandes problemlos möglich. Unregelmäßige Busverbindungen von den Nachbarorten am Attersee. Anlegestelle der Atterseeschifffahrt im Ausgangsort.

Einkehr: Gasthof Jagerwirt am Ausgangspunkt (im Sommer täglich geöffnet), Gasthof Zur Lore (von Ostern bis zum 26. Oktober) und Almstadl (Sommerbewirtschaftung) am Schwarzensee.

Unterkunft: Im Bereich der Wanderung keine; Übernachtungsmöglichkeiten aller Art in den umgebenden Ortschaften.

Tourist-Info: Informationsbüro Steinbach, 4853 Steinbach am Attersee, Tel. 07663/8401, Fax 840121. Tourismusverband Strobl, Dorfplatz, 5350 Strobl am Wolfgangsee, Tel. 06137/7855 und 6255, Fax 5958. Attersee-Schifffahrt, Bahnhof, 4864 Attersee, Tel. 07666/7806, Fax 7802.

Mit der Burggrabenklamm am Südende des Attersees lernen wir im Rahmen dieser Wanderung eine der bekanntesten Schluchten des Salzkammergutes kennen. Doch im Gegensatz zu den meisten anderen Besuchern begnügen wir uns nicht mit einem Ausflug in die Klamm, sondern wandern weiter bis zum Schwarzensee, einem landschaftlichen Kleinod.

Ein kurzer Abstecher führt zu einer Engstelle in der Burggrabenklamm.

9

Der Wegverlauf

Vom **Gasthof Jagerwirt** in der kleinen Ortschaft Burgbachau gehen wir auf einem breiten Waldweg nach Süden zum Eingang der **Burggrabenklamm**. Rechts erkennen wir die Madonnenstatue Maria Klamm, bei der ein Steig in den vordersten Teil der Schlucht mit ihrem 18 m hohen Wasserfall abzweigt. Wir folgen jedoch dem **Erzherzogin-Valerie-Weg**, der geradeaus weiterleitet und in mehreren Kehren einen felsig-bewaldeten Steilhang hinaufführt. Wenig später leitet ein in die Felsen gesprengter Steig in der rechten Klammbegrenzung hinauf in den oberen, weniger steilen Schluchtabschnitt. Auf diesem Wegstück kann es recht rutschig sein, hier ist in jedem Fall Vorsicht geboten.

Still begleitet der Moosbach die Wanderung durch einen Wiesensattel.

An einer bereits weniger exponierten Stelle überqueren wir nach einer Linkswendung des Weges den Bach und gehen in südlicher Richtung weiter zur **Magdalenenquelle**. Auf Hangbrücken wandern wir über einige kleine Seitenbäche weiter. Nach der Quelle zieht sich der Weg in Windungen in westlicher Richtung aufwärts zu einer bewaldeten Hangschulter, an der wir eine Wegteilung erreichen. Wir wählen den linken Weg (Moosweg), der eine steile Waldflanke in südlicher Richtung emporführt. Wieder gilt es, mehrere Serpentinen zu überwinden. Bald erreichen wir einen Rastplatz, an dem wir einen vorläufig letzten Blick auf den Atter-

Tipp

Der autofreie Erlebnistag: Am 3. Sonntag im September heißt es auf der gesamten insgesamt 48 km langen Attersee-Uferstraße: zu Fuß gehen oder in die Pedale treten! Von 10:00 bis 17:00 Uhr ist die Straße für den Autoverkehr gesperrt.

see genießen können. Nun geht es nochmals sanft aufwärts zum höchstgelegenen Punkt der Wanderung, dem Wiesensattel **Im Moos** (772 m).

Auf der Forststraße mit der Weg Nr. 28 streben wir nun über Moor- und Wiesenflächen dem südlich von uns gelegenen Schwarzensee zu. Bald erreichen wir den **Moosbach**, dem wir im weiteren Verlauf der Wanderung folgen. Sanft geht es über die Wiesenflächen abwärts. Nach den Weiden der Moosalm gehen wir noch ein kurzes Stück durch den Wald, bevor wir die ausgedehnten Wiesenflächen der **Ascher-** und der **Grafenalm** erreichen.

Am nördlichen Ufer des Schwarzensees zweigen wir nach rechts ab, überqueren auf einer Brücke dem Moosbach und kommen auf dem ebenen Fahrweg Nr. 28 zu den beiden Einkehrmöglichkeiten an der Südwestecke des Schwarzensees.

Für den Rückweg gehen wir nun zunächst weiter in südöstlicher Richtung und gelangen über die Jagdhütte der Gramerhauseralm zur Schwarzensee-Straße. Wir wenden uns nach Norden und vollenden die Umrundung des Sees. Bald treffen wir auf die Abzweigung, die wir schon vom Aufstieg her kennen, und kehren ab hier auf demselben Weg zum Ausgangspunkt zurück.

10 Von Nussdorf nach Unterach

Durch blühende Kulturlandschaft am Westufer des Attersees:
Nussdorf – Dexelbach – Egelsee – Druckerhof – Unterach   Karte: D 2/3

◑	mittel
🚶 km	15 km
🕐	4,5 Std.
▲	↑ 300 m ↓ 300 m
☺	ja

Tourencharakter: Eine lange Wanderung durch eine der malerischsten Kulturlandschaften des Salzkammergutes. Immer wieder überraschen Ausblicke auf blühende Wiesen, Obstanger und prächtige Bauernhöfe.

Beste Jahreszeit: April bis in den Spätherbst. Im Sommer sehr heiß!

Ausgangs-/Endpunkt: Ortszentrum von Nussdorf/Unterach am Attersee.

Wanderkarte: Kompass-WK 18 Nördliches Salzkammergut, 1:50000. F&B WK 282 Attersee – Traunsee – Höllengebirge – Mondsee – Wolfgangsee, 1:50000.

Markierungen: Viele Wegemarkierungen und Wegweiser. Durch zahlreiche Feldwege etc. Orientierung nicht immer eindeutig, aber in der Regel problemlos.

Verkehrsanbindung: Die Gemeinde Nußdorf liegt am Westufer des Attersees direkt an der B 151, die den Ort mit dem Umland verbindet. Von der Westautobahn A1 kommend benutzt man die Abfahrt St. Georgen im Attergau und erreicht Nussdorf über die Gemeinde Attersee. Regelmäßige Busverbindungen von den Nachbarorten am Attersee. Anlegestelle der Atterseeschifffahrt im Ausgangsort.

Einkehr: Einkehrmöglichkeiten aller Art im Ausgangs- und Zielort. Am Weg Gasthof Druckerhof (ganzjährig geöffnet).

Unterkunft: Im Bereich der Wanderung am Druckerhof; auch Möglichkeiten für Urlaub auf dem Bauernhof; Unterkünfte aller Art in den beiden Talorten.

Tourist-Info: Informationsbüro Nußdorf, 4865 Nussdorf am Attersee, Tel. 07666/8064, Fax 806473. Informationsbüro Unterach, 4866 Unterach am Attersee, Tel. 07665/8327, Fax 832783. Attersee-Schifffahrt, Bahnhof, 4864 Attersee, Tel. 07666/7806, Fax 7802.

Besonderer Hinweis: Unterwegs Bademöglichkeit am Egelsee.

Die Landschaft rund um die großen Salzkammergutseen präsentiert sich heute in einem Zustand, der durch Jahrhunderte lange menschliche Bewirtschaftung entstanden ist. Ein schönes Beispiel dieser gewachsenen Kulturlandschaft ist das westliche Atterseeufer, das wir bei dieser Wanderung kennenlernen.

Ein Hauch von Süden am Alpennordrand: der Kastanienhain bei Unterach.

Der Wegverlauf

Vom **Ortszentrum** der Gemeinde Nussdorf wandern wir zunächst auf der Straße zum Weiler Wienerroith hangaufwärts nach Westen. Bei der Abzweigung des Weges zum Gasthof Dachsteinblick halten wir uns links und steigen in den Graben des Näßtalbaches auf. Auch an den beiden folgenden Wegverzweigungen halten wir uns links und gelangen durch Wald und später über Wiesen zur Straße Nussdorf – Limberg.

Wir folgen der wenig befahrenen Straße etwa 200 m nach rechts, ehe wir links den ebenen Weg in Richtung Süden wählen. Der Pfad führt in beständigem Auf und Ab am Hang entlang, bevor er sich deutlich in den Graben des Dexelbaches hin absenkt. Nachdem wir den Bach überquert haben, steigen wir erneut auf eine Anhöhe empor. Die folgende Hangtraversierung führt uns wieder durch strukturierteres Gelände, und schließlich erreichen wir den wild dahinströmenden **Parschallenbach**. Kurz nach der letzten Bachüberquerung öffnet sich der Wald, und wir wandern auf die freien Wiesenflächen von Promberg hinaus. Auf einer asphaltierten Straße wandern wir nun etwa 50 m nach links und nehmen hier den rechts abzweigenden Weg zum Waldrand. Dort geht es in südlicher Richtung weiter. Wir

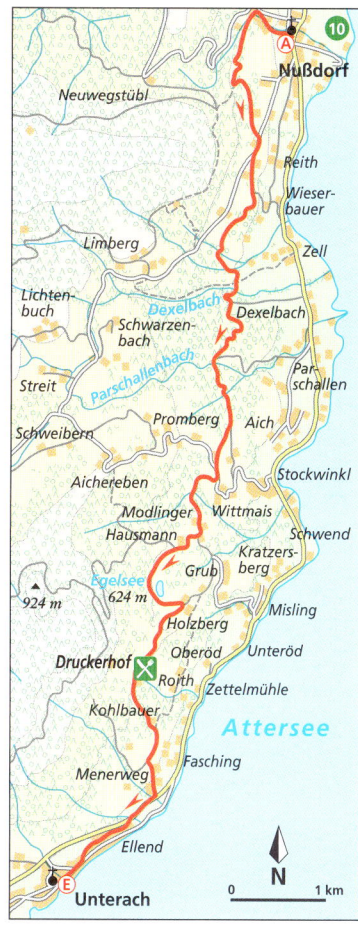

In den Gehöften rund um den Attersee hat das Mostpressen lange Tradition.

traversieren den Graben des Urfangbaches und erreichen wenig später das malerische **Gehöft Modlinger**, bei dem wir einen Blick in die schöne Kapelle nicht versäumen sollten.

Die folgende asphaltierte Hofzufahrt führt uns in südlicher Richtung hangabwärts. Bei erster Gelegenheit gehen wir wieder rechts (Westen) zum **Hausmann-Hof** und weiter über die Wiesen dieses Gehöfts. Auf den Wiesen teilt sich der Weg neuerlich und führt linker Hand zum **Egelsee** (624 m) mit einer Bademöglichkeit.

Vom Südende des Egelsees leitet der Wiesenweg in östlicher Richtung zum **Gut Holzberg** mit seinen malerischen Obstkulturen. Auf einem Fahrweg geht es in südwestlicher Richtung über die Wiesen aufwärts zu einer Wegteilung, an der man sich links hält. Wenig später erreichen wir den **Gasthof Druckerhof**, mit 653 m Höhe höchster Punkt unserer Tour. Nun wandern wir in südlicher Richtung in den Wald hinunter und dort auf einem Fahrweg zu den Kohlbauer-Wiesen. Diese große Wiesenfläche überquerend gelangen wir – zuletzt über eine Asphaltstraße – hinunter zur Attersee-Westuferstraße. Noch vor der Unterführung gehen wir rechts ab und nach Süden über eine Wiese wieder zur Uferstraße. Wir folgen ihr für etwa 150 m nach rechts, zweigen dann allerdings nach links auf den Hugo-Wolf-Weg ab und erreichen auf ihm Unterach, das Ziel unserer Wanderung. Eine Rückkehr zum Ausgangspunkt ist mit Bussen oder Schiffen problemlos möglich.

Rund um den Wachtberg

Einsame Waldwanderung abseits der Badestände: Weyregg – Reichholz - Bruckbach – Alexenau – Dr.-Gleißner-Weg – Weyregg   Karte: E 2

11

Tourencharakter: Die einfache Rundwanderung entführt uns abseits der quirligen Badestände des Attersees in eine stille Waldlandschaft.
Beste Jahreszeit: Mai bis Oktober. Besonders schön im Frühling und Herbst (Laubfärbung!).
Ausgangs-/Endpunkt: Ortszentrum von Weyregg.
Wanderkarte: Kompass-WK 18 Nördliches Salzkammergut, 1:50000. F&B-WK 282 Attersee – Traunsee – Höllengebirge – Mondsee – Wolfgangsee, 1:50000.
Markierungen: Im gesamten Verlauf durch Wegmarkierungen und Wegweiser gut bezeichnet.

Verkehrsanbindung: Weyregg liegt am Ostufer des Attersees direkt an der B 152, die den Ort mit den anderen Gemeinden der Region verbindet. Regelmäßige Busverbindungen von den Nachbarorten am Attersee. Anlegestellen der Atterseeschifffahrt.
Einkehr: Einkehrmöglichkeiten aller Art im Ausgangsort. Am Weg Gasthof Bramhosen in Alexenau (ganzjährig geöffnet).
Unterkunft: Übernachtungsmöglichkeiten aller Art im Ausgangsort.
Tourist-Info: Informationsbüro Nussdorf, 4865 Nussdorf am Attersee, Tel. 07666/8064, Fax 806473.

leicht

9 km

2,5 bis 3 Std.

↑ 200 m
↓ 200 m

ja

Als Hausberg des beliebten Badeortes Weyregg wird der Wachtberg (823 m) von vielen Urlaubsgästen besucht. Wir möchten an dieser Stelle eine Wanderung abseits des Gipfelbereichs vorstellen, die neben Einblicken in eine stille Waldlandschaft auch ein herrliches Aussichtspanorama über den See vermittelt.

Der Wegverlauf

Wir verlassen das Ortszentrum von **Weyregg** auf einer Asphaltstraße in südöstlicher Richtung. An einer Wegkreuzung halten wir uns links und gehen über die Wiesen in mehreren Windungen zu den Häusern des Weilers **Reichholz** (ca. 540 m) empor. Beim Gästehaus Hubertus zweigen wir erneut links auf einen Fahrweg ab und gehen weiter durch die bewaldete Nordostflanke des Wachtberges zu den Wiesen von **Bruckbach**. Auf der die Wiesen durchquerenden Asphaltstraße wandern wir weiter in

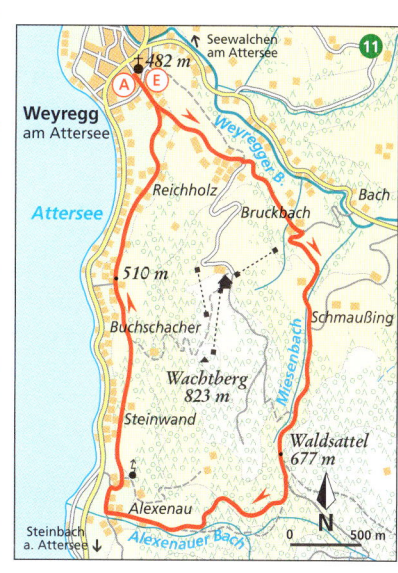

11

Kehren südwärts, in den Graben des Miesenbaches hinauf. Hier bleiben wir auf der nunmehr als Tiefgrub-Forststraße bezeichneten Fahrstraße (für den öffentlichen Verkehr gesperrt) und erreichen eine Weggabelung, an der wir links auf der Forststraße bleiben und nicht den rechten Aufstiegsweg zum Wachtberg wählen. Obwohl nur einen Katzensprung von den belebten Stränden des Attersees entfernt, können wir hier eine Wanderung durch echte Waldeinsamkeit genießen. Bald darauf erreichen wir einen **Waldsattel** (677 m) zwischen Wachtberg im Westen und Gupf (948 m) im Osten, den höchsten Punkt unserer Wanderung.

Vom Waldsattel folgen wir noch für etwa 200 m der Forststraße, zweigen aber dann nach rechts auf einen Karrenweg ab. Auf der orografisch rechten Seite des Alexenaugrabens wandern wir nun in westlicher Richtung seewärts. Teilweise geht es recht steil hinunter zu den Wiesenflächen und den Häusern des Weilers Alexenau, in dem der Gasthof Bramhosen zu einer erfrischenden Einkehr lädt.

Nun beginnt einer der attraktivsten Abschnitte unserer Tour. Auf dem als **Dr.-Gleißner-Weg** bezeichneten Sträßchen verlassen wir Alexenau in nördlicher Richtung und wandern an den Westabhängen des Wachtberges entlang. Immer wieder eröffnen sich auf diesem Weg bestechend schöne Ausblicke auf den Attersee und den jenseits der Wasserfläche aufragenden Schafberg.

Nachdem wir die Wiesenflächen überquert haben, erreichen wir das **Gehöft Steinwand**. Wenig später führt der Weg immer wieder in den Wald hinein. An mehreren Stellen treten kleine Hangquellen aus, die ihr Wasser unterirdisch dem nahen Attersee entgegenleiten. Leicht bergab gehen wir weiter durch eine sehr abwechslungsreiche Kulturlandschaft mit Obstgärten, Wiesen und Feldern. Zuletzt treffen wir wieder auf ein asphaltiertes Sträßchen, das uns in das Ortszentrum von Weyregg zurückleitet.

Immer wieder eröffnen sich liebliche Ausblicke auf den Attersee.

Über den Aurachberg

Rundwanderung mit lohnendem Ausflugsziel: Neukirchen –
Ifang – Hochkreut – Kleinaurachberg – Neukirchen   Karte: F 2

12

 mittel

 7 km

 2,5 bis 3 Std.

 ↑ 350 m ↓ 350 m

 ja

Tourencharakter: Eine Rundwanderung durch die stille Hügellandschaft zwischen Atter- und Traunsee mit Möglichkeit zum Besuch des Wildparks Hochkreut.
Beste Jahreszeit: Mai bis Oktober.
Ausgangs-/Endpunkt: Neukirchen im Aurachtal.
Wanderkarte: Kompass-WK 18 Nördliches Salzkammergut, 1:50000. F&B-WK 282 Attersee – Traunsee – Höllengebirge – Mondsee – Wolfgangsee, 1:50000.
Markierungen: Im gesamten Verlauf vorhanden, aber oft nicht ausreichend. Orientierung daher manchmal schwierig.
Verkehrsanbindung: Man erreicht Neukirchen am besten mit dem PKW von einer der ausgeschilderten Zufahrten ab der Traunseebundesstraße B 145.

Von Gmunden, Altmünster und Traunkirchen bestehen auch regelmäßige Busverbindungen.
Einkehr: Verschiedene Gasthäuser und Gasthöfe in Neukirchen. Unterwegs (bei Wildparkbesuch) auch in der angeschlossenen Gaststätte.
Unterkunft: Übernachtungsmöglichkeiten in Privatzimmern und in den Gasthöfen des Ausgangsortes, Übernachtungsmöglichkeiten aller Art in Altmünster.
Tourist-Info: Tourismusbüro Altmünster, 4813 Altmünster am Traunsee, Tel. 07612/87181 und 8761140, Fax 8761134. Wildparkleitung Hochkreut, 4814 Neukirchen/Altmünster, Tel. 07618/8205.

Die weitläufigen Hügelketten zwischen Atter- und Traunsee sind ein wenig bekanntes, nichtsdestotrotz aber äußerst lohnendes Wanderziel. Bei dieser Runde lernen wir nicht nur eine alte bäuerliche Kulturlandschaft kennen, sondern haben auch die Möglichkeit, einen attraktiven Wildpark zu besuchen.

Der Wegverlauf

Von der Kirche im Ortszentrum von **Neukirchen** wandern wir zunächst ein Stück auf der Straße in Richtung Steinbach am Attersee, zweigen aber bald auf das beschilderte Nebensträßchen Richtung Reindlmühle ab. Bei erster Gelegenheit überqueren wir linker Hand die Aurach und gehen zwischen Häusern am Ortsrand von Neukirchen entlang erneut in westlicher Richtung. Wir erreichen den Dorfrand und behalten unsere bisherige

12

In diesem idyllischen Holzhaus wartet eine Naturausstellung auf die Wildparkbesucher.

Richtung bei. Ohne nennenswerte Höhenunterschiede spazieren wir am Hang entlang.

Vorbei am Gehöft Axlau erreichen wir den Zöhrergraben, den wir traversieren. Danach beginnt der Anstieg, der uns in mehreren Serpentinen zu den entlegenen Höfen von **Ifang** (680 m) hinaufleitet. Wir biegen von dem nach Reith weiterziehenden Güterweg ab und gehen rechts weiter aufwärts. Bald nimmt uns der Wald auf. Auf dem nur schlecht markierten Steig geht es nun teilweise recht steil aufwärts. Der Wald erscheint stellenweise düster und gibt nur selten einen Ausblick frei. Nachdem wir eine Hangschulter erreicht haben, wendet sich der Pfad allmählich in östliche Richtung und leitet zum höchsten Punkt unserer Wanderung, dem sehenswerten → **Wildpark Hochkreut** (961 m). Besonders mit Kindern sollten Sie seinen Besuch nicht versäumen.

Vom Wildpark folgen wir der schmalen Zufahrtsstraße abwärts in östliche Richtung. Dieses Wegstück ist Teil des gut gekennzeichneten **Traunsee-Ring-Wanderweges**, der auch für weitere Touren sehr geeignet ist. Im Bereich dieser Straße stößt man immer wieder auf äußerst malerische Bauerngehöfte, die harmonisch in der umgebenden Landschaft eingebettet sind. Wenn wir die ersten größeren Wiesenflächen zu unserer Rechten erreichen, biegen

12

wir vor dem undeutlichen Hügel des Schützing (822 m) nach rechts ab und folgen zunächst der Hofzufahrt zum Gehöft Fallering. An zwei Wegkreuzungen halten wir uns jedoch rechts, wobei uns die zweite Gabelung wieder weg von den Hofzufahrten auf einen steilen Waldpfad führt, dem wir südwärts den Hang hinunter folgen.

Durch einen recht steilen Graben streben wir nun zügig unserem Ausgangspunkt entgegen. Im untersten Bereich, fast schon am Rand des Waldes treffen wir auf eine Forststraße, die uns zurück zum Anstiegsweg leitet. Wir folgen diesem nun nach links zur Brücke über die Aurach und wieder zurück ins Zentrum von Neukirchen.

Typisch für die Region sind die prächtigen Einödgehöfte.

13

Durch die Kaltenbachwildnis

Schroffe Felswildnis zwischen See und Hochgebirge: Gasthof Hois´n –
Kaltenbachwildnis-Rundwanderweg – Gasthof Hois´n   Karte: G 2

 leicht

 3,5 km

1,5 Std.

↑ 300 m
↓ 300 m

bedingt

Tourencharakter: Eine einfache Rundwanderung auf gut angelegten Steigen,
die dennoch einen Einblick in eine wilde Felslandschaft ermöglicht.
Beste Jahreszeit: April bis Oktober. Im
Sommer sehr heiß!
Ausgangs-/Endpunkt: Gasthof Hois´n
am Traunsee.
Wanderkarte: Kompass-WK 18 Nördliches Salzkammergut, 1:50000. F&B-
WK 282 Attersee – Traunsee – Höllengebirge – Mondsee – Wolfgangsee,
1:50000.
Markierungen: Ausgezeichnet angelegter Weg mit vielen Wegweisern und
Markierungen.
Verkehrsanbindung: Unser Ausgangspunkt liegt am Ostufer des Traunsees, 4
km südlich der Stadt Gmunden. Gegenüber dem Gasthof bestehen direkt

am Seeufer ausreichende Parkmöglichkeiten. Besonders zu empfehlen ist jedoch die Anreise mit dem Schiff als
würdiger Beginn und Abschluss der romantischen Runde.
Einkehr: Gasthof Hois´n am Ausgangspunkt (1. März bis 31. Oktober geöffnet). Direkt auf der kurzen Rundwanderung keine Einkehrmöglichkeiten.
Unterkunft: Einfache Übernachtungsmöglichkeiten in mehreren Gasthöfen
am Ostufer, Unterkünfte aller Art in
Gmunden.
Tourist-Info: Kurverwaltung und Tourismusbüro Gmunden, Am Graben 2,
4810 Gmunden am Traunsee,
Tel. 07612/4305, Fax 71410. Traunsee-
schifffahrt, Rathausplatz, 4810 Gmunden, Tel. 07612/65215 oder 66700,
Fax 66741.

*Das Gasthaus
am Fuße des
Traunsteins
lädt zur
Einkehr!*

Mit seinen turmhohen, direkt an den See heranreichenden Fels-
wänden ist der Traunstein eine landschaftliche Attraktion ersten
Ranges. Eine Rundwanderung durch die Kaltenbachwildnis vermittelt einen Eindruck von dieser schroffen Natur, wie ihn sonst
nur Kletterer erfahren können – und dies ohne
Anstrengungen und Gefahren.

Der Wegverlauf

Vom Ausgangspunkt beim **Gasthof Hois´n**
wandern wir zunächst auf einem staubfreien
Feldweg in nordöstlicher Richtung in mehreren Windungen über die Wiesenfläche zu
Füßen der Kaltenbachwildnis. Bald erreichen
wir den Waldrand und treten in das Gehölz
ein. Der Weg wendet sich gegen Osten; wir
steigen in einem Seitenzweig des Gschlief-
grabens weiter empor, bis wir eine querende
Forststraße erreichen. Auf dieser Straße gehen
wir nach rechts. An der nächsten Wegkreu-

13

zung halten wir uns erneut rechts und wandern nun in südlicher Richtung weiter.

Wir biegen um eine zwar noch bewaldete, aber schon mit Felsen durchsetzte Hangkante – und stehen am Eingang zur **Kaltenbachwildnis**. Der weitere Wegverlauf ist wahrlich atemberaubend. Auf staubfreiem Weg bzw. auf einem betonierten Steig geht es zunächst unter den senkrechten Wänden des Adlerhorstes hindurch. Exponierte Wegstellen sind hier abgezäunt. In den Steilwänden können wir immer wieder Kletterer bei ihren akrobatischen Aufstiegen beobachten.

In zahlreichen Windungen und Kehren streben wir nun dem höchsten Punkt unserer Wanderung entgegen. Es geht an Tümpeln und Wasserfällen vorbei; ein Labyrinth von Felstürmen umgibt uns und lässt erahnen, warum sich um die Gegend allerlei Sagen und Legenden ranken. An einem **Holzhüttchen** (ca. 700 m) auf einem bewaldeten Felskamm erreichen wir den Scheitelpunkt der Rundtour. Links oberhalb befindet sich ein schöner, mit einer Bank ausgestatteter Rastplatz, der einen atemberaubenden Tiefblick auf den Traunsee gewährt.

Durch Höhlen und über Treppen führt der Steig durch die Kaltenbachwildnis.

Für kurze Zeit wandern wir nun in westlicher Richtung einige Kehren durch den Wald abwärts, bevor der Weg erneut genau gegen Süden führt. In einer langen Traversierung überwinden wir einen steilen, jedoch bewaldeten Berghang, bis wir den Hernlersteig (Weg Nr. 416) erreichen, der auf den Gipfel des Traunstein (1691 m) führt. Wir halten uns jedoch rechts und steigen steil durch den Wald in Richtung See ab. Am Ende eines flacheren Geländeabschnittes überqueren wir einen Forstweg und gehen nochmals ein steileres Stück hinunter zur asphaltierten Traunsee-Uferstraße. Hier wenden wir uns nach Norden (rechts) und erreichen wenig später den Ausgangspunkt dieser Runde, um viele Eindrücke aus einer romantischen Felswüste bereichert.

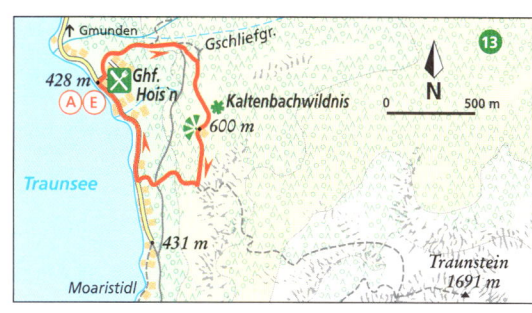

14 Von Habernau zum Almsee

Herrliches Landschaftsszenario im hinteren Almtal: Habernau –
Schwarzenbrunn – Almsee Ostufer – Seehaus – Habernau   Karte: H 3

leicht

11 km

3 Std.

↑ 75 m
↓ 75 m

ja

Tourencharakter: Eine familienfreundliche, aussichtsreiche Wanderung, die in einem der schönsten Talschlüsse des Salzkammergutes – am romantischen Almsee – ihren Höhepunkt findet.
Beste Jahreszeit: April bis Oktober. Besonders schön im Frühsommer und im Herbst (prächtige Laubfärbung!).
Ausgangs-/Endpunkt: Weiler Habernau im hinteren Almtal
Wanderkarte: Kompass-WK 19 Almtal – Steyrtal – Totes Gebirge, 1:50000. F&B-WK 081 Grünau/Almtal – Steyrtal – Sengsengebirge, 1:50000.
Markierungen: Wegweiser und Markierungen im gesamten Wegverlauf, keinerlei Orientierungsprobleme.
Verkehrsanbindung: Die 18 km lange, landschaftlich reizvolle Straße durch das Almtal beginnt in Mühldorf bei Scharnstein, das von Gmunden leicht zu erreichen ist. Über Grünau, den Hauptort des Tales, gelangt man im mittleren Talabschnitt zum Weiler Habernau. Das gesamte Almtal wird auch mit einem Omnibus-Liniendienst befahren.
Einkehr: Gasthof Jagersimmerl direkt am Ausgangspunkt (17. Oktober bis 30. November geschlossen). Seehaus am Almsee; Gasthof Deutsches Haus (1. Mai bis 15. Oktober).
Unterkunft: Übernachtungsmöglichkeiten aller Art in Grünau, dem Hauptort des Tales und seinen zahlreichen Ortsteilen.
Tourist-Info: Tourismusverband Grünau/Almtal, Haus Nr. 299, 4645 Grünau/Almtal, Tel. 07616/8268, Fax 8895.

Es ist nicht leicht, unter der Vielzahl der schönen Landschaften des Salzkammergutes einen Favoriten zu benennen. Doch bei der Wanderung an den Almsee geraten wir unweigerlich ins Schwärmen – diese Landschaft ist Musik! Nicht umsonst hat der wunderbare See am Fuße des Toten Gebirges seit jeher Dichter und Künstler inspiriert.

Manch idyllisches Bänklein lädt zum Verweilen und Genießen der Landschaft ein.

14

Der Wegverlauf

Vom großen Parkplatz in **Habernau** gehen wir auf der Nebenstraße zum Almtaler Haus etwa 100 m nach Osten. Noch vor der Brücke erkennen wir linker Hand eine Bank mit der Tafel **Jagersimmerl**. Gleich nachdem wir den Fluss Alm überquert haben, biegen wir rechts auf den Ostuferweg ein. Auf dem schönen Forstweg wandern wir gemütlich südwärts, wobei sich immer wieder Ausblicke auf den naturnahen Verlauf der Alm bieten. Wir gehen durch einen schönen Buchenwald, der im Herbst durch seine leuchtende Färbung fasziniert. In beständigem leichten Auf und Ab umgehen wir den Fuß des **Brandberg** (1074 m) und erreichen in einem recht flachen Abstieg bei **Schwarzenbrunn** die Nordspitze des Almsees. Ein kurzer Abstecher zum Wehr gewährt einen schönen Blick auf die langgezogene Seespitze; im Wasser unterhalb des Wehrs stehen zumeist zahlreiche ausgesprochen große Forellen.

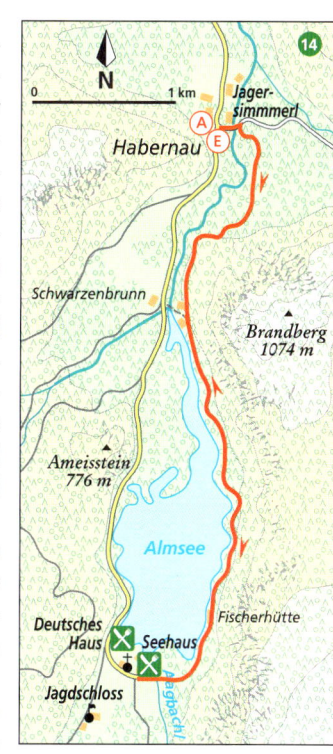

Wieder zurück am Almsee-Ostuferweg, gehen wir in südlicher Richtung weiter. Der schön angelegte **Promenadenweg** folgt nun stets der Wasserlinie, die abgesehen von der auf der anderen (westlichen) Seeseite verlaufenden Zufahrtsstraße von menschlichen Eingriffen weitgehend verschont geblieben ist. Immer wieder eröffnen sich zwischen den Bäumen reizvolle Ausblicke auf den See und den umgebenden Moor- und Schilfgürtel.

Knapp einen Kilometer nach dem Wehr öffnet sich die Landschaft. Der breite Hauptteil des Almsees liegt nun in seiner ganzen Pracht vor uns. Die kahlen Gipfel des Toten Gebirges spiegeln sich im

14

glasklaren Bergsee. Der Weg folgt weiter dem Uferverlauf, leitet manchmal an Bachläufen etwas weiter den Hang hinauf, um jedoch gleich darauf wieder an das Ufer zurückzuführen. Besonders an klaren Herbsttagen herrscht in dieser Landschaft eine alle Sinne erfassende Harmonie. Der Mensch wirkt hier nicht wie ein Fremdkörper, sondern als voll integrierter Bestandteil der Natur. Vorbei an einer **Fischerhütte** gelangen wir in die Südostecke des Almsees. Hier sollten wir einen Blick ins Wasser werfen. An vielen Stellen steigen Blasen vom Seegrund empor – sie stammen von den unterseeischen Quellen, die hier ihr Wasser in den Almsee ergießen.

Der Uferweg wendet sich nun in westlicher Richtung; wir verlassen das Seeufer und gehen durch das deltaartige Mündungsgebiet des **Aagbachls**, das sich in mehreren Armen in den See ergießt. In diesem urwaldähnlichen Auwaldgebiet gibt es für Naturfreunde manches zu entdecken. Bald darauf erreichen wir den Großparkplatz am Südende des Almsees. Hier locken das Seehaus und der Gasthof Deutsches Haus zu einer erfrischenden Einkehr.

In die Südostecke des Almsees münden zahlreiche Unterwasserquellen.

Für die Rückkehr zum Ausgangspunkt benutzen wir den Anstiegsweg. Der veränderte Sonnenstand und die umgedrehte Blickrichtung lassen den See in einem völlig anderen Farbenspiel erstrahlen!

Auf den Kasberg

Aussichtswarte am Rand des Toten Gebirges: Hochberghaus –
Benn Nock – Sepp-Huber-Hütte – Kasberg – Hochberghaus   Karte: H 2/3

15

 anspr.

 12 km

 4,5 Std.

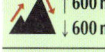 ↑ 600 m ↓ 600 m

 nein

Tourencharakter: Technisch weitgehend einfache, jedoch recht lange Wanderung, die einiges an Ausdauer erfordert. Im Gipfelbereich des Kasbergs ist Trittsicherheit erforderlich.
Beste Jahreszeit: Mai bis Oktober. Schön zur Zeit der Bergblumenblüte im Frühsommer.
Ausgangs-/Endpunkt: Hochberghaus auf der Farrenaualm.
Wanderkarte: Kompass-WK 19 Almtal – Steyrtal – Totes Gebirge, 1:50000. F&B-WK 081 Grünau/Almtal – Steyrtal – Sengsengebirge, 1:50000.
Markierungen: Wegweiser und Markierungen im gesamten Wegverlauf, Orientierung nur bei Nebel im Gipfelbereich problematisch.
Verkehrsanbindung: Von Grünau, dem Hauptort des Almtales, fährt man ca. 3 km in Richtung Schindlbach bis zum Beginn der Bergstraße Farrenau (mautpflichtig; 1999 Preis pro PKW 80,– ATS).

Mit einer Steigung von etwa 12 % führt die 6 km lange, asphaltierte und gut ausgebaute Straße in 12 Serpentinen über Weideland, durch Hochwald, Lärchenwiesen und Buchentäler hinauf zum Hochberghaus (ca. 1200 m). Eine Zufahrt mit öffentlichen Bussen ist nicht möglich, evtl. Taxidienste nutzen (siehe Tourist-Info).
Einkehr: Hochberghaus direkt am Ausgangspunkt (Muttertag bis 26. Oktober Sommerbetrieb; daneben auch Winteröffnung). Sepp-Huber-Hütte (ganzjährig geöffnet).
Unterkunft: Siehe Einkehr; Übernachtungsmöglichkeiten aller Art in Grünau und seinen zahlreichen Ortsteilen.
Tourist-Info: Tourismusverband Grünau/Almtal, Haus Nr. 299, 4645 Grünau/Almtal, Tel. 07616/8268, Fax 8895. Ausflugsreisen – Taxi Margarethe Huber, Almeggstraße 754, 4645 Grünau, Tel. 07616/8365.

Die Wanderung auf den Kasberg zählt zu den schönsten Bergtouren im Almtal. Obwohl er für den Skisport genutzt wird, ist der Berg immer noch ein attraktives Wandergebiet. Im Frühling bestechen die Almmatten durch ihre Blütenpracht. Daneben begleitet uns der herrliche Ausblick auf das Alpenvorland und – im oberen Teil der Wanderung – auf das Tote Gebirge sowie den grünschimmernden Almsee.

Die gute Beschilderung dieser Wanderung verdient großes Lob.

15

Der Wegverlauf

Vom großen Parkplatz beim Hochberghaus gehen wir auf einer Forststraße neben der Skipiste südwärts. In stetem Auf und Ab erreichen wir eine Senke zwischen Hochberg (auch Farrenaubühel genannt; 1287 m) und Jagerspitz. Hier verlassen wir die Forststraße und biegen rechts auf den mit Nr. 431 bezeichneten Fußweg ab. Durch den Wald wandern wir an der nahe gelegenen, abgebrannten Farrenauhütte vorbei. In sanfter Steigung geht es immer in südlicher Richtung aufwärts. Unser Pfad quert mehrmals eine Lifttrasse und leitet – teilweise neben einer Skiabfahrt – immer steiler werdend zum Gipfel des **Benn Nock** (ca. 1520 m) empor.

Nun beginnt ein kurzer Abstieg, der uns zur **Sepp-Huber-Hütte**

Tipp

Ist die **Farrenaubergstraße** wegen ihrer landschaftlichen Reize alleine schon sehenswert, so bietet sie noch weitere Besonderheiten. In exakt 1000 Metern Seehöhe erwartet uns der einzige **Du-Stein** der Welt. Der Stein ist eine Verhaltensaufforderung von Mensch zu Mensch. Nach alpenländischem Brauch können Sie Menschen, die Sie am Berg treffen, mit „du" ansprechen. Damit Sie über der 1000-m-Marke nicht irrtümlich förmlich bleiben, haben die Betreiber der Straße an der richtigen Stelle ein Denkmal gesetzt.

(1506 m) auf der Kasbergalm hinunterleitet. Nach einer kurzen, verdienten Rast setzen wir den Weg fort. Im Almbereich sollte man sich Zeit nehmen für eine ausgiebige Betrachtung der schönen Alpenflora. Auf dem Weg Nr. 431 gehen wir am Rande einer Wiesenmulde aufwärts und lassen allmählich die Spuren des Skitourismus hinter uns. Zunächst folgt unser Pfad noch dem Westrücken des Kasberges, schwenkt aber bald in östlicher Richtung um, so dass wir in die Nordflanke des Berges gelangen. In den dichten Latschenbeständen treffen wir auch auf zwei drahtseilgesicherte Felspassagen, die jedoch ohne technische Schwierigkeiten zu meistern sind. Allerdings ist etwas Trittsicherheit notwendig. Weiter in östlicher Richtung leitet der Weg zu einer gassenartigen Lichtung in den Latschen

15

und schwenkt in diese ein. Rechts hinauf erreichen wir den Nordostrücken des Berges.

Für ein kurzes Wegstück geht es noch durch Latschen empor, bald jedoch betreten wir die verkarstete Gipfelregion des Kasberges mit ihren Karrenfeldern und grünen Dolinenmulden. Viele Karstformationen können wir hier in sehr schöner Ausbildung erkennen. An einer Weggabelung halten wir uns rechts und gelangen in kurzer Zeit zum Gipfel des **Kasberg** (1747 m), den ein Metallkreuz ziert. Obwohl der Aufstieg zum Gipfel an sich problemlos ist, möchten wir an dieser Stelle nochmals darauf hinweisen, dass es sich um eine Wanderung in alpinem Gelände handelt. Das Wetter im Almtal ist sehr wechselhaft; massive und schnelle Nebeleinbrüche sind keine Seltenheit. In diesem Fall sofort umkehren, da trotz Markierungen Orientierungsprobleme auftreten können (Absturzgefahr).

Für den Rückweg wählen wir den Anstiegsweg, den wir dank des Gefälles deutlich schneller bewältigen als den Aufstieg.

Auf den gut gedüngten Weideflächen sind Königskerzen nicht selten.

16 Rundwanderung um die Langbathseen

Romantische Seen in wilder Berglandschaft: Sporthotel – Vord. Langbathsee – Hint. Langbathsee – Jagdschloss – Sporthotel   Karten: E/F 2

leicht

8 km

2,5 Std.

↑ 80 m
↓ 80 m

ja

Tourencharakter: Familienfreundliche
Wanderung auf breiten, gut bezeichne-
ten Forstwegen; sogar mit kleinen Kin-
dern machbar.
Beste Jahreszeit: April bis Oktober. Im
Hochsommer oft recht überfüllt.
Ausgangs-/Endpunkt: Sporthotel am
Vorderen Langbathsee.
Wanderkarte: Kompass-WK 18 Nördli-
ches Salzkammergut, 1:50000.
F&B-WK 282 Attersee – Traunsee –
Höllengebirge – Mondsee – Wolfgang-
see, 1:50000.
Markierungen: Zahlreiche Wegweiser
und Markierungen im gesamten Weg-
verlauf.
Verkehrsanbindung: Von Ebensee am
Traunsee führt eine 8 km lange schmale
Straße durch das enge Langbathtal, vor-
bei am beliebten Ausfluggasthof Kreh
zum Sporthotel am Vorderen Langbath-

see. Hier wurde am Rande des Natur-
schutzgebietes ein großer Parkplatz
angelegt, der allerdings an warmen
Sommertagen den Ansturm nicht
aufzunehmen vermag. In der Saison
besteht von Ebensee aus auch eine Busverbindung.
Einkehr: Sporthotel Langbathsee direkt
am Ausgangspunkt (Muttertag bis 26.
Oktober Sommerbetrieb; daneben auch
Winteröffnung). Keine Einkehrmöglichkeiten am Weg.
Unterkunft: Siehe Einkehr; Übernachtungsmöglichkeiten aller Art in Ebensee.
Tourist-Info: Tourismusbüro Ebensee am
Traunsee, Hauptstraße 34,
4802 Ebensee, Tel. 06133/8016,
Fax 4655.
Besonderer Hinweis: Am Vorderen
Langbathsee kostenlose Naturbade-
strände.

Eine Umrundung der beiden Langbathseen zählt nicht nur zu
den landschaftlichen Höhepunkten eines Salzkammergut-Wan-
derurlaubs. Wie so oft wandelt man hier auf geschichtsträchtigem Boden. Kaiser Franz Joseph hielt sich hier regelmäßig zur
Jagd auf.

*Beschauliche
Rast am
Hinteren
Langbathsee.*

Der Wegverlauf

Am Parkplatz beim **Sporthotel** halten
wir uns rechts, gehen am Hotel vorbei
und erreichen nach wenigen Schritten
eine mit einer mächtigen Schranke ab-
gesperrte Forststraße, der wir am nördlichen Ufer des **Vorderen Langbathsees**
folgen. Sie schlängelt sich direkt am Ufer entlang und gibt zwischen den dichten Buchenbeständen immer wieder einen Blick
auf den See frei.

Nach etwa 20 Minuten haben wir die mit einem Galeriewald bewachsene Ebene westlich des Sees erreicht. Wir gehen durch den
Wald am **Südfuß des Hinteren Signalkogels** (1014 m); die sanfte

16

Steigung bereitet keinerlei Probleme. Wieder im flacheren Bereich über der Talstufe angekommen, lassen wir die Wegabzweigung Richtung Lueg bzw. Großalm rechts liegen und bleiben links auf dem Forstweg. Vorbei an der Hinteren Seestube, einer mächtigen Blockhütte, erreichen wir die Nordostecke des **Hinteren Langbathsees** (732 m), der sich wie eine Perle an die mächtigen Felswände von Schaflucke und Hohem Spielberg schmiegt. Nachdem wir an einem der idyllischen Rastplätze kurz verweilt haben, setzen wir den Weg rechter Hand fort. Am Südende des Sees treffen wir auf die Abzweigung des Schafluckensteiges, halten uns jedoch weiter an den Seeuferweg und gehen zurück zum nördlichen Uferbereich. Wir benutzen jedoch nicht den kleinen Verbindungspfad bzw. die Brücke nach links zur Hinteren Seestube, sondern bleiben rechts auf der Forststraße, die uns wieder dem Vorderen Langbathsee entgegenleitet.

Gleich nach dem See beginnt ein kurzer, etwas steilerer Abstieg, der uns in den **Brenntenberggraben** hinunterführt, den wir auf dem Forstweg traversieren. Wir halten uns auf dem gekennzeichneten Hauptweg. Nach einer Linkskurve zweigen wir an einer Wegkreuzung rechts auf ein ganz gerade verlaufendes Wegstück ein (hier keine Hinweistafeln) und gehen in östlicher Richtung weiter. Nachdem wir die Brücke über den Klauselgraben überschritten haben, genießen wir den schönen Blick über die Wiese am Vorderen Langbathsees mit dem ehemaligen **Jagdschloss** Kaiser Franz Josephs. Am Süduferweg streben wir nun zügig dem Ausgangspunkt entgegen. Von der Forststraße zweigt kurz vor der Rückkehr zum Wanderungsanfang links ein Pfad ab (beschildert), der uns durch einen blockreichen Buchenwald zum Parkplatz beim Sporthotel zurückbringt.

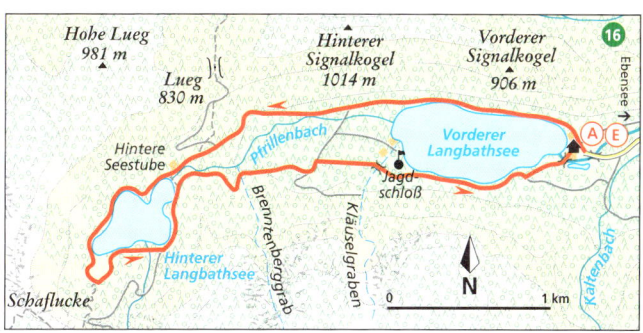

17 Von Bad Ischl zum Nussensee

Auf den Spuren von Kaiserin Elisabeth: Bad Ischl – Traunesplanade –
Elisabeth-Waldweg – Nussensee – Bad Ischl   Karte: E 4

 leicht

 11 km

3 Std.

↑ 150 m
↓ 150 m

ja

Tourencharakter: Familienfreundliche
Wanderung auf breiten, gut bezeichneten Wegen oder wenig befahrenen Nebenstraßen.
Beste Jahreszeit: Bei schneefreiem Wetter ganzjährig.
Ausgangs-/Endpunkt: Ortszentrum von
Bad Ischl.
Wanderkarte: Kompass-WK 20 Dachstein – Südliches Salzkammergut,
1:50000. Kompass-WK 018 Wolfgangsee, 1:35000. F&B-WK 281
Dachstein – Ausseer Land – Filzmoos –
Ramsau, 1:50000.
Markierungen: Wegweiser vorhanden,
für eine problemlose Orientierung
jedoch unzureichend.
Verkehrsanbindung: Bad Ischl ist einer
der wichtigsten Verkehrsknotenpunkte
des Salzkammergutes. Aus allen Himmelsrichtungen treffen hier wichtige
Bundesstraßen aufeinander, die aus
dem Umland eine schnelle Anreise ermöglichen. Alle Züge der Salzkammergutbahnstrecke von Attnang-Puchheim
ins steirische Ennstal halten auch in
Ischl. Zu allen Umlandgemeinden bestehen regelmäßige Busverbindungen.
Einkehr: Einkehrmöglichkeiten aller Art
im Ortsgebiet von Bad Ischl.
Unterwegs keine weiteren Einkehrmöglichkeiten.
Unterkunft: Übernachtungsmöglichkeiten aller Art in Bad Ischl.
Tourist-Info: Kurdirektion Bad Ischl,
Bahnhofstraße 6, 4820 Bad Ischl,
Tel. 06132/23520 Und 27757,
Fax 2775777.
Besonderer Hinweis: Am Nussensee
keine Bademöglichkeit (Privatbesitz).

*Über die
Traun hinweg
fällt unser
Blick auf die
Katrin, den
Hausberg Bad
Ischls.*

Viele Touristen, die auf der Salzkammergut-Bundesstraße die
Hinweistafel zum Nussensee sehen, fahren dieses Ziel mit dem
Auto an. Es gibt jedoch auch die hier vorgestellte, lohnende Variante einer erholsamen Wanderung von der alten Kaiserstadt Bad
Ischl zum See – in dem Bewusstsein, dass einst Kaiserin Elisabeth
auf diesen Pfaden gewandelt ist.

17

Der Wegverlauf

Von einem beliebigen Ausgangspunkt im Ortszentrum von →**Bad Ischl** spazieren wir zunächst zur Traun und gehen hier auf dem Promenadenweg bzw. der traditionsreichen **Traunesplanade** flussaufwärts. Während der Flusslauf eine massive Biegung in südliche Richtung macht, flanieren wir auf der Hasner-Allee geradeaus weiter. Linker Hand sehen wir die **Pferderennbahn**, auf der häufig traditionell gekleidete Reiter ihre Runden ziehen.

Wir erreichen nach wenigen Metern die Kaltenbachstraße. Nachdem wir diese überquert haben, gehen wir auf dem Weg weiter zu einer Querstraße, dem Lauffner Waldweg, auf dem wir nach rechts bis zur Mastaliergasse spazieren. Wir folgen der Gasse etwa 50 m nach links und gelangen zu einer neuerlichen Linksabzweigung einer asphaltierten Straße, die mit Weg Nr. 4 gekennzeichnet ist. Diese Straße führt uns über Wiesen nach Südwesten hangaufwärts. Bald ist die aussichtsreiche Anhöhe des **Katereck** (594 m) erreicht, von der wir zum ersten Mal im Verlauf der Wanderung einen schönen Blick auf das Bad Ischler Talbecken genießen können.

Nun geht es eben weiter zu einer wichtigen Wegkreuzung. Auf dem immer noch mit Nr. 4 gekennzeichneten Karrenweg biegen wir rechts ab. Durch eine stark hügelige Wiesenlandschaft, vorbei an mehreren Bauernhöfen, spazieren wir in nordwestlicher Richtung zu einem querenden Karrenweg, der in Erinnerung an die beliebte Kaiserin als **Elisabeth-Waldweg** bezeichnet wird. Der hier üppig blühenden Überlieferung zufolge war die Kaiserin während ihrer zahlreichen Aufenthalte in Ischl regelmäßig zu

17

Mehrere Denkmäler an der Esplanade erinnern an Dichter und andere Künstler der k. u. k.-Zeit.

Fuß und zu Pferd auf diesen Pfaden unterwegs, zumeist in den frühen Morgenstunden.

Wir folgen nun dem Waldweg nach links und wandern etwas steiler zum bewaldeten Rücken des **Gawanzersteines** (um 650 m) hinauf. Jenseits der angedeuteten Einsattelung steigen wir sanft zum **Nussensee** (604 m) hinunter, der in einer bewaldeten Mulde liegt. Wir erreichen den See bei einem Privathaus. Auf der Straße gehen wir nun geradeaus weiter und kommen in einer scharfen Linkskurve ans Westufer des Sees.

Ein romantischer, schmaler Waldweg ermöglicht uns, den Nussensee in etwa 40 Minuten zu umrunden. Immer wieder können wir dabei schöne Ausblicke aus dem dichten Laubwald genießen. Besonders eindrucksvoll ist diese Landschaft im Herbst, wenn die verschiedenen Baumarten ihr buntes Kleid anlegen.

Zurück bei dem schon angesprochenen Privathaus am See, treten wir auf dem schon bekannten Weg die Rückkehr nach Bad Ischl an. Da wir an den verschiedenen Hangkanten nun abwärts gehen, liegt der schöne Panoramablick über das Ischler Talbecken stets vor uns – herrliche Eindrücke einer wahrhaft kaiserlichen Landschaft!

Zum Hinteren Gosausee

Glänzende Bergseen zu Füßen des Dachsteins: Vorderer Gosausee –
Hinterer Gosausee – Seeklausalm – Vorderer Gosausee   Karte: D/E 6

Tourencharakter: Eine technisch einfache, aber recht lange Wanderung auf breiten Wegen.
Beste Jahreszeit: Mai – Ende Oktober.
Ausgangs-/Endpunkt: Großparkplatz am Vorderen Gosausee (937 m).
Wanderkarte: Kompass-WK 20 Dachstein – Südliches Salzkammergut, 1:50000. F&B-WK 281 Dachstein – Ausseer Land – Filzmoos – Ramsau, 1:50000.
Markierungen: Wegweiser und Wegmarkierungen im gesamten Wegverlauf ausreichend vorhanden.
Verkehrsanbindung: Mit dem Auto erreicht man Gosau über Steeg am Hallstätter See und Gosauzwang auf der B 166. Vom Ort führt eine 7 km lange

Zufahrt über Hintertal zum Vorderen Gosausee mit dem großen Parkplatz. Busverbindungen nach Bad Goisern bzw. Bad Ischl.
Einkehr: Verschiedenste Einkehrmöglichkeiten im Talort. Gasthof Gosausee (ganzjährig, Betriebsurlaub 1. November bis 15. Dezember), Seeklausalm (Sommerbetrieb), Hintere Seealm (1. Juni bis 30. September).
Unterkunft: Übernachtungsmöglichkeiten aller Art in Gosau. Nächtigung auch im Gasthof Gosausee und in der Hinteren Seealm.
Tourist-Info: Tourismusverband Gosau, 4824 Gosau, Tel. 06136/8295, Fax 8255.

 mittel

 13 km

 3,5 Std.

↑ 250 m
↓ 250 m

 ja

Unter überhängenden Felsen hindurch leitet der Weg am Vorderen Gosausee entlang.

Zu den schönsten Wanderungen am Fuße des mächtigen Dachstein zählt die Tour zu den beiden Gosauseen. Stets hat man die gletscherbedeckten Bergriesen vor sich. Der Talschluss zählt zu den großartigsten Naturlandschaften der Ostalpen und braucht keine Vergleiche zu scheuen. Die Seenlandschaft des Salzkammergutes vereinigt sich hier in einmaliger Harmonie mit der hochalpinen Bergwelt.

Der Wegverlauf

Am Gasthof Gosausee vorbei gelangen wir auf die Uferstraße am Nordufer des **Vorderen Gosausees**, die mit Nr. 614 bezeichnet ist. Schon dieser erste Wegabschnitt ist eines der Highlights dieser Wanderung. Die prächtig glitzernden Firnfelder der Dachsteingletscher spiegeln sich im tiefblauen Wasser des Sees – ein weitum einzigartiges Landschaftsbild! An den Steilwänden unterhalb

18

des Lärchkogels entlang erreichen wir das Ende des Sees. Besonders im hinteren Teil fällt der im Frühling und Herbst oft deutlich abgesenkte Wasserspiegel auf, da der See energiewirtschaftlich genutzt wird.

An einer Verzweigung unweit des Sees gehen wir geradeaus und steigen nun sanft aufwärts. Durch den Wald erreichen wir die offene Fläche rund um die **Vordere Holzmeisteralm**, auch Vordere Seealm genannt (976 m). Am Waldrand entlang passieren wir eine feuchte Mulde, in der zumindest in manchen Jahren die **Gosaulacke** zu sehen ist. Wenn es zu wenig regnet, bleibt wegen des karstigen Untergrunds von diesem Kleingewässer nur der eingetrocknete Boden zurück.

Bald nach der Lacke sehen wir in den Wänden zu unserer Linken den **Launigg-Wasserfall**, der an der Nordwestflanke des Brettkogels (1838 m) aus dem Naßtal herunterzieht. Allmählich erreichen wir nun eine Steilstufe des Tales. Wir überwinden diese Steigung in einer etwas weiter ausladenden Wegschleife und gelangen damit zum höher gelegenen Talschluss. Durch den Wald geht es jetzt wieder sanfter aufwärts. Nachdem wir eine Brücke

Mächtig erheben sich die Gipfel des Dachsteins über den Gosauseen.

überquert haben, trennen uns nur noch wenige Schritte vom **Hinteren Gosausee** (1168 m). Am rechten Ufer gehen wir weiter zur idyllischen Hinteren Seealm, auch als **Holzmeisteralm** bezeichnet. Das schöne Almgebäude lädt zu einer willkommenen Rast ein. Die Alm ist auch Ausgangspunkt für schwierige Touren in die Bergwelt des Dachstein.

Für den Rückweg zum Ausgangspunkt benutzen wir zunächst den Anstiegsweg und wandern zurück bis zur Weggabelung knapp hinter dem Vorderen Gosausee. Hier gehen wir jedoch nicht geradeaus weiter, sondern halten uns links. Durch die flache Mulde hinter dem See gelangen wir an das Südufer, auf dem wir in nordwestlicher Richtung dem Ausgangspunkt entgegenwandern. Der Pfad leitet durch die sehr steilen Hänge unterhalb der Ausläufer des Gosaukammes, der den Dachstein nach Nordwesten hin abschließt. Kurz vor dem Ziel der Tour erreichen wir die malerische **Seeklausalm**, die eine letzte Möglichkeit zur Erfrischung bietet. Nur noch wenige hundert Meter trennen uns jetzt vom Nordwestende des Sees, an dem sich auch der Ausgangspunkt unserer Wanderung befindet.

19 Auf dem Soleleitungsweg

Wandern entlang der ältesten „Pipeline" der Welt:
Hallstatt – Rudolfsturm – Gosauzwang – Steeg – Bad Goisern   Karte: E 5

mittel

15 km

4 bis
5 Std.

↑ 350 m
↓ 400 m

nein

Tourencharakter: Eine lange, technisch wenig schwierige Wanderung, die jedoch aufgrund ihrer Länge Ausdauer und wegen des exponierten Weges Schwindelfreiheit erfordert.
Beste Jahreszeit: Mai bis Oktober.
Ausgangs-/Endpunkt: Ortszentrum von Hallstatt / Bad Goisern.
Wanderkarte: Kompass-WK 20 Dachstein – Südliches Salzkammergut, 1:50000. F&B-WK 281 Dachstein – Ausseer Land – Filzmoos – Ramsau, 1:50000.
Markierungen: Wegweiser und Wegmarkierungen im gesamten Verlauf vorhanden.
Verkehrsanbindung: Mit dem Auto erreicht man Hallstatt ab Bad Ischl über die B 145 bis Bad Goisern und weiter über die B 166. Eine attraktive Anreisemöglichkeit vom steirischen Salzkammergut bildet die wildromantische Koppenstraße, die über Obertraun nach Hallstatt führt. Wegen der Parkplatzprobleme, und da es sich bei unserem Vorschlag um eine Streckenwanderung

handelt, empfiehlt sich die Anreise mit dem Zug bis Hallstatt–Bahnhof am Ostufer und weiter mit der Fähre in den Ort. In alle Umlandgemeinden bestehen Busverbindungen.
Einkehr: Einkehrmöglichkeiten aller Art im Ausgangs- und Zielort. Unterwegs Gasthof Rudolfsturm (1. Mai bis 26. Oktober).
Unterkunft: Übernachtungsmöglichkeiten aller Art in Hallstatt bzw. Bad Goisern.
Tourist-Info: Tourismusverband Hallstatt, Postfach 7, 4830 Hallstatt (06134/8208, Fax 8352). Kurverwaltung Bad Goisern, Gottlieb-Oberhauser-Str. 242, 4822 Bad Goisern, Tel. 06135/83290, Fax 832974. Informationsbüro Salzbergwerk, Salzbergstraße 21, 4830 Hallstatt, Tel. 06134/825172.
Besonderer Hinweis: Im Herbst 1999 war der Weg durch Bauarbeiten an einer Lawinengalerie unterbrochen. Hinweise über die aktuelle Situation geben die Tourist-Infos.

Der Sole-leitungsweg eröffnet immer wieder Ausblicke über den Hallstätter See.

Einer der ersten und längsten Themenwege des Salzkammergutes ist der Soleleitungsweg, der vom Salzberg Hallstatt bis nach → **Ebensee** führt. Für diese Wanderung haben wir das wohl attraktivste Teilstück ausgewählt, bietet es doch tiefe Einblicke in die Geschichte des Bergbaues und herrliche Ausblicke auf die Landschaft rund um den Hallstätter See.

Der Wegverlauf

Vom **Hallstätter Ortszentrum** müssen wir zunächst hinauf auf den Salzberg gelangen. Dafür besteht einerseits die Möglichkeit, ab dem Ortsteil Lahn die Salzberg-Standseilbahn zu benützen. Wir möchten jedoch die aufwendigere Alternative des Anstieges empfehlen, zeigt sie uns doch deutlich, welchen

Strapazen einst die sogenannten **Kerntragerweiber** ausgesetzt waren. Der Niedergang des Salzwesens zwang nämlich viele Frauen der Bergknappen und Salinenarbeiter, selbst eine Arbeit aufzunehmen. Mit einer Kraxe auf dem Rücken gingen sie zweimal täglich die 500 Höhenmeter zum Salzberg empor, um schwer beladen mit Kernsalz wieder ins Tal zurückzukehren. Selbst hochschwangere Frauen verrichteten diese schwere Arbeit. Da kleine Kinder mangelhaft ernährt und mit in Schnaps getauchten Schnullern ruhiggestellt wurden, kam es häufig zu körperlichen oder geistigen Schäden. Das soziale Elend hielt sich bis fast ins 20. Jahrhundert, denn noch um 1890 gingen die letzten Kerntragerweiber ihrer mühseligen, harten Tätigkeit nach.

Selbst den Wanderer der Jetztzeit mit seinem leichten Gepäck bringen die zahlreichen Serpentinen, die von → **Hallstatt** hinauf zum Salzberg ziehen, ordentlich ins Schwitzen. Doch ist dieser Anstieg durchaus attraktiv, gewährt er doch immer wieder malerische Tiefblicke auf die Dächer der gleichsam am Berghang klebenden Gemeinde. Schon bei 855 m Seehöhe erreichen wir den **Rudolfsturm** mit der darin befindlichen Gaststätte und können uns den weiteren Aufstiegsweg der Kerntragerweiber sparen, da der Soleleitungsweg hier Richtung Norden ab-

19

zweigt. Die wuchtigen Grundfesten des Turmes gehen auf die 80er Jahre des 13. Jahrhunderts zurück. Albrecht I. ließ den Wehrturm zum Schutz des Salzberges erbauen und benannte ihn nach seinem Vater Rudolf I. von Habsburg. Ab 1313 war der Rudolfsturm Wohnsitz des jeweiligen Bergmeisters. Sein heutiges, weniger wehrhaftes als vielmehr einladendes Äußeres erhielt der Turm im Jahre 1833. In der Gaststätte können wir nach dem Anstieg zum höchsten Punkt unserer Wanderung eine wohlverdiente Rast genießen.

Von nun an folgt unser Weg dem Verlauf der alten Soleleitung, mit deren Errichtung 1595 begonnen wurde. Mit den damaligen

Vermessungsgeräten wurde versucht, den Leitungsweg in möglichst gleichmäßigem Gefälle bis zur Saline nach Ebensee zu führen. Auch wurde darauf geachtet, dass man möglichst wenig Erd- und Felsarbeiten durchführen mußte. So präsentiert sich die Leitung noch heute als Denkmal einer sanften, naturnahen Bauweise. Entsprechend angenehm ist auch das Wandern entlang der

Schon zu Beginn der Tour erwartet uns der schweißtreibende Anstieg zum Hallstätter Salzberg.

Leitung, gilt es doch nur geringe Steigungen zu überwinden. Allerdings hat der weitgehende Verzicht auf Sprengarbeiten dazu geführt, dass sich der Weg teilweise an atemberaubenden Abgründen entlangwindet, was für nicht schwindelfreie Personen diese Wanderung fast unmöglich macht.

Gleich hinter dem Rudolfsturm führen uns Stufen hinunter in den Wald unterhalb des Salzberges. Verhältnismäßig steil geht es nun bergab ins erste große Hindernis für die Soleleitung, in die **Mühlbachschlucht**, im Volksmund auch „Hölle" genannt. Nach Überschreiten des Mühlbaches führen uns Treppen auf der orografisch linken Seite der Schlucht abwärts. Wir kommen in die Ostflanken von **Hühner-** (1386 m) und **Steinkogel** (1552 m), deren steile Waldhänge wir nordwärts durchwandern.

In schwindelnder Höhe wandern wir nun auf dem einzigen zur Verfügung stehenden Pfad dahin. Immer wieder gilt es, Wasserfälle zu passieren und sehr steile Gräben, etwa den Stein- oder den Hausergraben, zu überwinden. Schwindelerregende Tiefblicke auf den Hallstätter See bieten wohl eines der einmaligsten Panoramen des inneren Salzkammergutes.

19

Nachdem unser Weg die Ost- und Nordostflanke des Gosaueck (1484 m) durchquert hat, erreichen wir eine weitere sehr markante Stelle des Wegverlaufes, das Gosautal. Hier vollbrachten die Baumeister des ausgehenden 16. Jahrhunderts eine wahre Meisterleistung und überbrückten mit ihrer Soleleitung das ganze Tal. Auch wir überschreiten diese Stelle – und damit Tal, Bundesstraße und Gosaubach – auf einer 43 m hohen Brücke. Die markante Stelle wird auch heute noch als **Gosauzwang** bezeichnet, ein sehr ausdrucksstarker Name.

Das folgende Wegstück am **Gosauhals** ist einer der wenigen Abschnitte, wo größere Sprengarbeiten nötig waren. So leitet der Pfad hier durch senkrechte Felswände, die uns dafür aber einen herrlichen Blick auf die Nordspitze des Hallstätter Sees und die dahinter aufragende **Pötschenhöhe** gewähren. Sogar einige der verkarsteten Gipfel des steirischen Salzkammergutes können wir in der Ferne ausmachen.

Im Hallstätter Ortsteil Lahn erinnert ein Denkmal an das harte Leben der Kerntragerweiber.

Allmählich erreichen wir nun das Nordende des Sees und damit auch den Ortsteil Steeg der flächenmäßig sehr großen Gemeinde → **Bad Goisern**. Auf einem Promenadenweg (Nr. 801) geht es nun hinunter an den Fuß der Wände des Zwölferkogels (1634 m). Wir steigen nun in nordwestlicher Richtung durch den Wald hinab auf die Wiesenterrasse des Goiserer Ortsteiles **Ramsau**. Bei Eisenlehen überqueren wir eine schmale Landesstraße und halten uns nun in ziemlich genau nördlicher Richtung. Auf dem Weg passieren wir einige attraktive Villen. In einem deutlichen Rechtsbogen wenden wir uns der Traun zu und verlassen die Wiesenterrassen von Ramsau.

Bald erreichen wir eine Querstraße, der wir nach links in den Ortsteil **Gschwandt** hinein folgen. In einem sehr lang gezogenen Linksbogen nähert sich die Straße immer mehr der Traun. Bald ist die Brücke der Ramsau-Straße erreicht. hier halten wir uns rechts, gehen über die Traun und queren auch die Trasse der Salzkammergutbahn. Nur mehr wenige Schritte trennen uns vom Ortszentrum von Bad Goisern, dem Zielpunkt unserer eindrucksreichen Wanderung.

Eine Rückkehr nach Hallstatt ist problemlos mit den schon im Einführungskasten erwähnten öffentlichen Verkehrsmitteln möglich.

20 Durch das romantische Echerntal

Wasserfälle und wilde Klippen: Lahn – Dachsteinwarte – Waldbachstrub – Ursprung – Dachsteinwarte – Lahn   Karte: E 5/6

 mittel

 10 km

 3 bis 3,5 Std.

 ↑ 500 m ↓ 500 m

 nein

Tourencharakter: Wanderung mit abschnittsweise sehr unterschiedlichem Charakter, am Gangsteig Trittsicherheit und Schwindelfreiheit erforderlich.
Beste Jahreszeit: Mai bis Oktober.
Ausgangs-/Endpunkt: Ortsteil Lahn von Hallstatt.
Wanderkarte: Kompass-WK 20 Dachstein – Südliches Salzkammergut, 1:50000. F&B-WK 281 Dachstein – Ausseer Land – Filzmoos – Ramsau, 1:50000.
Markierungen: Wegweiser und Wegmarkierungen ausreichend vorhanden.
Verkehrsanbindung: Mit dem Auto erreicht man Lahn über Hallstatt auf der B 166. Eine attraktive Anreisemöglichkeit vom steirischen Salzkammergut bildet die wildromantische Koppen-

straße, die über Obertraun direkt nach Lahn führt. Gebührenpflichtiger Parkplatz in Lahn. Anlegestelle der Hallstätter See-Schifffahrt.
Einkehr: Einkehrmöglichkeiten aller Art im Ortsgebiet von Hallstatt. Unterwegs keine weiteren Einkehrmöglichkeiten.
Unterkunft: Übernachtungsmöglichkeiten aller Art in Hallstatt und Obertraun.
Tourist-Info: Tourismusverband Hallstatt, Postfach 7, 4830 Hallstatt, Tel. 06134/8208, Fax 8352.
Besonderer Hinweis: Die Wanderung ist nur bei trockenem Wetter zu empfehlen. Vorsicht im Herbst nach kalten Nächten!

Das Echerntal unweit von → **Hallstatt** ist ein landschaftliches Kleinod ersten Ranges. Herrliche Wälder und rauschende Wasserfälle prägen seine Landschaft. Schon die Künstler der Romantik, wie etwa Adalbert Stifter oder Ferdinand Waldmüller, wussten das unverfälschte Tal zu schätzen.

Der Wegverlauf

Vom **Salinen-Verwaltungsgebäude** im Hallstätter Ortsteil Lahn gehen wir zunächst auf einer Straße in östliche Richtung. An der kommenden Weggabelung wählen wir den Echerntalweg (Nr. 641), der uns nach rechts an Häusern vorbei in den Wald zum imposanten Kreuzstein führt. Schon am Eingang des Tales beeindrucken die steilen Felsen der **Echernwand**, die durch die Gebirgsbildung in mächtigen Falten aufgeworfen wurde.

Etwas später treten wir wieder auf die Wiesen hinaus und erreichen, dem Verlauf des Waldbachs folgend, das **Haus Dachsteinwarte** (544 m). Der Weg führt nun auf einer Brücke über den Bach zum Ende der Straße, die von Lahn hereinzieht. Gleich nach der Brücke halten wir uns an der nächsten Abzweigung rechts und gehen auf dem Malerweg neben dem Waldbach taleinwärts. Am Fuß der imposanten Mitterwand entlang gelangen wir neuerlich zu einer Brücke, auf der wir den Waldbach wieder überqueren und nochmals den Echerntalweg erreichen. Wir folgen dem Pfad nach links aufwärts und erreichen nach kurzer Zeit die Abzweigung des Gangsteiges. Wir gehen jedoch zunächst geradeaus zum Bach, dem **Waldbachstrub** mit seinem 95 m hohen Wasserfall, der durch eine enge Klamm herabstürzt.

Zurück an der Abzweigung des **Gangsteiges** wählen wir nun diesen mit Nr. 641 gekennzeichneten Weg, der uns steil in den Wald emporführt. Die schroffen Felswände werden auf gesicherten Stufen überwunden. Es geht links hinauf und durch den Wald in nördlicher Richtung zur Salzberg-Forststraße. Auf der Forststraße gehen wir links hinunter zur **Steinbrücke** über den Waldbachstrub und jenseits des Baches zur Echerntal-Forststraße. Auf ihr gehen wir für etwa 150 m neben dem Waldbach nach rechts (Südwesten). Hier zweigen die Wege Nr. 601 und 613 ab, denen wir nach links die bewaldeten Hänge nach Süden hinauf zu einer neuerlichen Wegteilung folgen. Auf Weg Nr. 613 wandern wir rechts weiter und erreichen bald, zuletzt auf einem schmalen Stichweg vom Hauptpfad abzweigend, die Riesenquelle des **Waldbachursprungs** (948 m).

Um wieder nach Lahn zu kommen, folgen wir den beiden We-

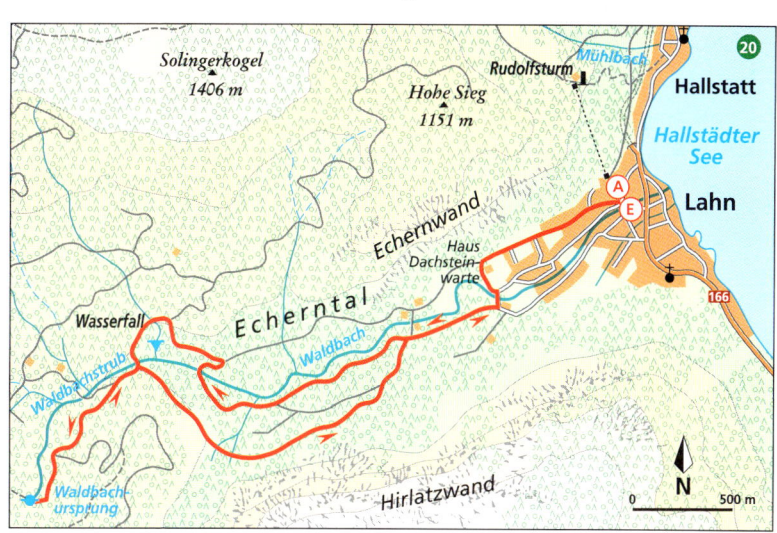

20

Wasserfälle sind das Markenzeichen des Echerntales.

gen Nr. 613 und 601 zurück zur **Steinbrücke** über den Waldbachstrub. Hier bleiben wir jedoch auf der rechten Talseite und gehen die Straße talauswärts. Eine sehr exponierte Passage an der Mitterwand wird durch einen Tunnel passiert. Wir überschreiten den Dürrenbach und befinden uns nun zu Füßen der mächtigen **Hirlatzwand**, die wegen ihres typischen Aufbaus sogar Eingang in die geologische Literatur gefunden hat. Die Wand ist auch berühmt für ihr tiefes und weit verzweigtes Höhlensystem, das bis heute noch nicht restlos erforscht werden konnte. Über bewaldete Hänge steigen wir ab ins Echerntal und erreichen das Ende der Straße bzw. die Dachsteinwarte. Auf der schon bekannten Route kehren wir nun nach Lahn zurück.

Am Ostufer des Hallstätter Sees

Auf einfachen Wegen zu einer beeindruckenden Hängebrücke:
Wanderwegstüberl – Ostuferweg – Hallstatt bzw. Obertraun   Karte: E/F 5

21

Tourencharakter: Bequeme Wanderung auf guten Wegen, teilweise in den Steilhängen am Seeufer angelegt.
Beste Jahreszeit: Mai bis Oktober.
Ausgangs-/Endpunkt: Wanderwegstüberl bzw. Haltestelle Obersee der Salzkammergutbahn/Hallstatt bzw. Obertraun.
Wanderkarte: Kompass-WK 20 Dachstein – Südliches Salzkammergut, 1:50000. F&B-WK 281 Dachstein – Ausseer Land – Filzmoos – Ramsau, 1:50000.
Markierungen: Wegweiser und Wegmarkierungen im gesamten Wegverlauf ausreichend vorhanden.
Verkehrsanbindung: Mit dem Auto erreicht man das Ostufer des Hallstätter Sees über die B 145 bis St. Agatha. Dort hält man sich rechts und fährt durch die Orte Unter- und Obersee am Westabhang des Sarstein bis zu einem ausgeschilderten Parkplatz 8 km südlich von

Bad Goisern. Die Haltestelle Obersee wird von lokalen Zügen der Salzkammergutbahn angefahren (vorher erkundigen, ob der jeweilige Zug hier wirklich hält). Anlegestelle der Hallstätter See-Schifffahrt.
Einkehr: Einkehrmöglichkeiten aller Art im Ortsgebiet von Hallstatt, mehrere Gasthöfe in Obertraun. Wanderwegstüberl am Ausgangspunkt (1. April bis 31. Oktober). Unterwegs keine weiteren Einkehrmöglichkeiten.
Unterkunft: Übernachtungsmöglichkeiten aller Art in Bad Goisern, Hallstatt und Obertraun.
Tourist-Info: Kurverwaltung Bad Goisern, Gottlieb-Oberhauser-Str. 242, 4822 Bad Goisern, Tel. 06135/83290, Fax 832974. Tourismusverband Hallstatt, Postfach 7, 4830 Hallstatt, Tel. 06134/8208, Fax 8352. Fremdenverkehrsverband Obertraun, 4831 Obertraun Tel. 06131/351, Fax 34222.

 leicht

 6 km

 2 Std.

 ↑ 20 m ↓ 20 m

 ja

Der Wanderweg am Ostufer des Hallstätter Sees ist einer der jüngsten seiner Art im ganzen Salzkammergut. Er wurde erst 1986 fertiggestellt und führt auf teilweise kühn angelegten Steiganlagen ohne jede Schwierigkeit durch diese landschaftlich so reizvolle Gegend mit ihren Ausblicken über den See und die Welterbe-Gemeinde → **Hallstatt**.

Der Wegverlauf

Vom beschriebenen Parkplatz bzw. von der Haltestelle Obersee sind es nur wenige Schritte in westlicher Richtung hinunter zum Ufer des Hallstätter Sees und dem direkt am See gelegenen **Wanderwegstüberl**, an dem der eigentliche Ostuferweg seinen Ausgang nimmt. Zwischen Bahnlinie und See gehen wir auf einem Kiesweg, neben dem auf einem lieblichen Wiesengelände einige Häuser stehen, in südlicher Richtung.

Eine Hängebrücke führt uns über die tiefste Stelle des Hallstätter Sees.

Auf soliden Brücken werden zwei Gräben überschritten, die vom **Gröbkogel** (1724 m) herunterziehen. Bald nach der zweiten Brücke treten wir in den Wald ein. Hier ist das Gelände zwar schon recht steil, es bieten sich aber an mehreren Stellen Möglichkeiten zum Abstieg ans Ufer und damit verbunden die Chance auf ein erfrischendes Bad in dem auch im Sommer recht kühlen Hallstätter See. Noch geht es ein kurzes Stück auf „normalen" Wegen durch den dichten Wald, der von Buchen dominiert wird.

Doch bald erreichen wir das steilere Südufer des Sees.

Hier fand man mit den üblichen Weganlagen nicht mehr das Auslangen. Zu steil und zu schmal war der Uferabschnitt, der zwischen Wasser und Bahnlinie liegt. Daher behalf man sich mit einer zum Teil sehr kühnen Steigkonstruktion. Im steilen Felsufer wurden **Stege** verankert, die teilweise weit über die Hangkante oder sogar die Wasserlinie hinausragen. Auf ihnen kann man völlig gefahrlos – alle Stege sind optimal gesichert – in diese einst nur durch die Bahnlinie erschlossene Landschaft vordringen. Da es keinen anderen Weg gibt, erübrigt sich auch jede Beschilderung. Immer weiter wandern wir gegen Süden, bis wir schließlich den Höhepunkt der Steganlage erreichen: eine schaukelnde Hängebrücke über die tiefste Stelle des Hallstätter Sees! Erst 125 m unter der Wasseroberfläche liegt der feste Seegrund!

Nun erreichen wir nach wenigen Metern wieder einen festen Uferpfad, zum Hallstätter Bahnhof bringt. Von hier können wir den regelmäßigen Bootsverkehr in die malerische Seegemeinde nutzen. Als Alternative können wir aber auch auf dem markierten Seeuferweg weiter wandern und erreichen – an **Schloss Grub** (520 m) vorbei – nach etwa einer halben Stunde den Ortsrand von Obertraun.

Von Obertraun zur Koppenbrüller Höhle

Wanderung zu einer Wasserhöhle: Obertraun – Höhenweg – Koppenbrüller Höhle – Koppenwinkel – Dachsteinhof – Obertraun   Karte: F 5/6

22

Tourencharakter: Angenehme Wanderung auf gut angelegten Wanderwegen
und Forststraßen; nur zu Beginn ein
steilerer Anstieg.
Beste Jahreszeit: Mai – Ende September.
Ausgangs-/Endpunkt: Bahnhof Obertraun – Dachsteinhöhlen in der Gemeinde Obertraun.
Wanderkarte: Kompass-WK 20 Dachstein – Südliches Salzkammergut,
1:50000. F&B-WK 281 Dachstein –
Ausseer Land – Filzmoos – Ramsau,
1:50000.
Markierungen: Wegweiser und Wegmarkierungen im gesamten Wegverlauf
ausreichend vorhanden.
Verkehrsanbindung: Mit dem Auto gelangt man zum Talort Obertraun ab
Bad Ischl über die B 145 bis Bad Goisern und weiter – vorbei an Hallstatt –
über die B 166. Eine attraktive Anreisemöglichkeit vom steirischen Salzkam-

mergut bildet die wildromantische Koppenstraße. Mit dem Schiff ist Obertraun
von allen Orten am Hallstätter See aus
erreichbar. In alle Umlandgemeinden
bestehen Busverbindungen. Außerdem
besteht die bequeme Möglichkeit, mit
dem Zug zum Bahnhof Obertraun –
Dachsteinhöhlen zu fahren.
Einkehr: Einkehrmöglichkeiten aller Art
im Ortsgebiet von Obertraun. Unterwegs Gasthaus Koppenrast (April bis
Ende Oktober) und Gasthof Dachsteinhof (ganzjährig).
Unterkunft: Übernachtungsmöglichkeiten aller Art in Obertraun und
Hallstatt.
Tourist-Info: Fremdenverkehrsverband
Obertraun, 4831 Obertraun,
Tel. 06131/351, Fax 34222.
Dachsteinhöhlen Obertraun,
4831 Obertraun, Tel. und
Fax 06131/362.

   mittel

   11 km

   3 Std.

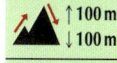   ↑ 100 m
↓ 100 m

   ja

Der Besuch der Koppenbrüller Höhle, der einzigen der drei
→ **Dachsteinhöhlen**, die sich auf dem Niveau des heutigen Tal-
bodens befindet, lässt sich in eine Wanderung von Obertraun
durch den romantischen Koppenwinkel einbauen.

22

Der Wegverlauf

Vom Bahnhof **Obertraun – Dachsteinhöhlen** gehen wir zunächst auf dem Hallstätter See-Ostuferweg (siehe auch Wanderung 21) entlang der Bahnlinie Richtung Seeufer. Bei erster Gelegenheit gehen wir rechts, unterqueren die Bahnlinie und steigen am Ortsrand von Obertraun zu dem Höhenweg auf, auf dem wir in den Koppenwinkel gelangen. Am Gemeindefriedhof zweigt ein steiler Steig in den **Brettsteingraben** ab, den wir jedoch links liegen lassen. Gleich nach dem Friedhof treffen wir auf den mit Nr. 1 gekennzeichneten

Höhenweg, der uns in beständigem Auf und Ab in östliche Richtung dahinleitet.

Zu Füßen der mächtigen **Wasserfallwand** führt der Pfad weiter durch die steilen Hänge. Wir gehen etwas abwärts, fast bis zum Waldrand, und wandern dann oberhalb des Ortsteils Reith in nordöstlicher Richtung. Der Wegverlauf wird zunehmend sanfter und nähert sich der Talsohle, die wir kurz vor der **Bahnhaltestelle Koppenbrüller Höhle** erreichen. Auf der Koppenstraße überqueren wir nun die Traun und kommen zum Gasthaus Koppenrast. Durch den romantischen Schluchtwald an der Koppentraun führt hier ein kurzer Stichweg

Romantisch leitet der Pfad durch den Schluchtwald zum Eingang der Höhle.

in nördlicher Richtung bis zum Eingang der **Koppenbrüller Höhle**. Nach dem Abstecher gehen wir auf dem mit Nr. 2 bezeichneten Wanderweg an der Koppenrast und an einem Ferienlager vorbei in Richtung Koppenwinkel. Nur noch wenige Schritte sind es bis zur **Koppenwinkellacke**, einem idyllischen Seelein mit kleiner Insel. Wenig südlich gelangen wir auf die offenen Wiesenflächen der aufgelassenen **Koppenwinkelalm**. Auf den Weideflächen treffen wir auf eine Weggabelung, an der wir uns rechts halten. Hier gibt es mehrere Quellbäche zu überqueren, die sich aus den steilen Wänden des Zirbenköpfls (1506 m) zu Tal ergießen. An der nächsten Weggabelung halten wir uns erneut rechts und gehen am Ufer der Traun entlang zum **Gasthof Dachsteinhof**. Auf der Köhlerbrücke überqueren wir die Traun und gehen danach links auf dem Höll-Karl-Weg ins Zentrum von Obertraun zurück.

Vom Krippeneck zur Simonyhütte

Zur bekanntesten Hütte des Dachsteinmassivs: Krippeneck – Oberfeld – Taubenkar – Simonyhütte – Krippeneck   Karte: E/F 6

23

Tourencharakter: Eine recht lange, aber technisch nicht sehr schwierige Wanderung durch alpines Gelände; nur für erfahrene Bergwanderer geeignet.
Beste Jahreszeit: Juni – Mitte Oktober.
Ausgangs-/Endpunkt: Bergstation Krippeneck der Dachsteinseilbahn (1788 m).
Wanderkarte: Kompass-WK 20 Dachstein – Südliches Salzkammergut, 1:50000. F&B-WK 281 Dachstein – Ausseer Land – Filzmoos – Ramsau, 1:50000.
Markierungen: Wegweiser und Wegmarkierungen im gesamten Wegverlauf ausreichend vorhanden.
Verkehrsanbindung: Mit dem Auto gelangt man zum Talort Obertraun über die B 145 bis Bad Goisern und weiter - vorbei an Hallstatt – über die B 166. Eine attraktive Anreisemöglichkeit vom steirischen Salzkammergut bildet die Koppenstraße. Der Zugang bzw. die Zufahrt zur Talstation der Dachsteinseilbahn ist in Obertraun ausgeschildert. Mit dem Schiff ist Obertraun von allen Orten am Hallstätter See aus erreichbar. In alle Umlandgemeinden bestehen Busverbindungen. Außerdem besteht die bequeme Möglichkeit, mit dem Zug zum Bahnhof Obertraun – Dachsteinhöhlen zu fahren. Am Bahnhof gibt es einen direkten Anschluss mit dem Postbus zur Seilbahnstation. An der Talstation ausreichend Parkmöglichkeiten. Seilbahnbetrieb 1. Mai bis 31. Oktober täglich von 8:40 – 17:00 Uhr, im Juli und August bis 17:20 Uhr.
Einkehr: Schilcherhaus unweit der Bergstation (15. Juni bis 20. Oktober). Simonyhütte (1. Februar bis Mitte Oktober).
Unterkunft: Siehe Einkehr. Übernachtungsmöglichkeiten aller Art in Obertraun und Hallstatt.
Tourist-Info: Fremdenverkehrsverband Obertraun, 4831 Obertraun, Tel. 06131/351, Fax 34222. Betriebsleitung der Dachsteinseilbahn, 4831 Obertraun, Tel. 06131/273, Fax 531. Simonyhütte der ÖAV-Sektion Austria, T. und M. Rosifka Tel. 03622/52322 oder 06135/8808.
Besonderer Hinweis: Alpine Ausrüstung unbedingt notwendig. Bei Schlechtwetter nicht zu empfehlen (Absturzgefahr)!
Mountainbikegeeignet: nein

●	anspr.
🚶 km	17 km
🕐	6–7 Std.
⛰	↑ 600 m ↓ 600 m
☺	nein

Der Dachstein ist der absolute alpine Höhepunkt des Salzkammergutes – und dies in doppeltem Sinn. Die Landschaft ist eindrucksvoll und erhebt sich zu den höchsten Gipfeln mit ihren in gleißendem Licht erstrahlenden Gletschern. Die klassische Wanderung zur Simonyhütte vermittelt einen guten Eindruck von der rauen Einmaligkeit dieser verkarsteten Bergwelt.

Der Wegverlauf

Von der Bergstation **Krippeneck** der Dachsteinbahn folgen wir zunächst dem Karrenweg in Richtung Schilcherhütte bis zur ersten Wegteilung. An dieser halten wir uns links und steigen nun in südwestlicher Richtung in zahlreichen Serpentinen zum **Militärstützpunkt Oberfeld** (1832 m) auf. Der Stützpunkt ist auch mit Hilfe der Gjaidbahn direkt von Obertraun aus erreichbar; die

23

Rund um die Schutzhütten sind Alpendohlen unsere ständigen Begleiter.

Bahn nimmt jedoch nur in begrenztem Umfang zivile Personen mit, so dass die Benutzung der Dachsteinbahn vorzuziehen ist.

Von Oberfeld folgen wir den mit den Nummern 650 und 654 gekennzeichneten Bergpfaden westwärts. Durch die latschenbewachsenen Karsthochflächen gehen wir in beständigem Auf und Ab durch die **Nordostflanke** des **Taubenkogels** (2300 m). Am Fuße des Sonntagkares entlang erreichen wir die Nordseite dieses Berges, wobei wir stets geradeaus weiter wandern und alle Links- und Rechtsabzweigungen ignorieren. Weiter geht es durch die Latschenfelder um den Berg herum, bis wir nach etwa 1,5 Stunden an seiner Nordwestseite eine wichtige Weggabelung er-

reichen. Nach rechts führt ein Pfad durch die sogenannte Bären-
gasse zum Wiesberghaus, während wir uns links auf Weg Nr. 650
halten. Er leitet in südlicher Richtung abwärts in die grüne Mulde
der **Kreidgrube**.

Vom tiefsten Punkt geht es weiter über grüne Karrenfelsen nach
Süden aufwärts, wobei wir einige malerische, von den Naturge-
walten wild zerzauste Wetterzirben passieren. Schließlich wendet sich der Weg in westlicher Richtung und leitet in die Mulde
des **Taubenskars** hinein. Nun beginnt eines der mühsamsten
Wegstücke dieser Wanderung. Der Pfad geht jetzt über einen
sehr steilen, schrofendurchsetzten Hang in südwestlicher Richtung bergwärts. Oben angekommen, treffen wir auf den breiten
Weg Nr. 601, der sich von → **Hallstatt** hier herauf windet.

Wir folgen diesem nun nach links (Süden) und nähern uns schon
dem Ziel dieser Wanderung. Über das plattige Gestein zu Füßen
des **Wildkarkogels** (2163 m) geht es hinauf zur Talstation der Ma-
terialseilbahn. Noch ein Mal müssen wir unsere Kondition beanspruchen, denn ein letzter steiler Felsabhang trennt uns von der
Rast und Stärkung versprechenden **Simonyhütte** (2205 m). Für
die Rückkehr zum Krippeneck folgen wir der Anstiegsroute.

*Im Herbst
können die
Hochflächen
des Dach-
steins recht
einsam sein.*

24

Zum Heilbronner Kreuz

Über die felsige Karsthochfläche des Dachsteins: Berghotel Krippenstein – Margschierf – Heilbronner Kreuz – Krippeneck   Karte: F 6

 mittel

 8 km

 2,5 – 3 Std.

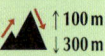 ↑ 100 m ↓ 300 m

 ja

Tourencharakter: Eine einfache alpine Wanderung auf breiten Wegen. Dennoch nur bei stabilem Schönwetter zu empfehlen (bei Schlechtwetter Orientierungsprobleme).
Beste Jahreszeit: Juni – Mitte Oktober.
Ausgangs-/Endpunkt: Bergstation Krippenstein der Dachsteinseilbahn (2070 m).
Wanderkarte: Kompass-WK 20 Dachstein – Südliches Salzkammergut, 1:50000. F&B-WK 281 Dachstein – Ausseer Land – Filzmoos – Ramsau, 1:50000.
Markierungen: Wegweiser und Wegmarkierungen im gesamten Wegverlauf ausreichend vorhanden.

Verkehrsanbindung: Siehe Wanderung 23
Einkehr: Berghotel Krippenstein (Öffnungszeiten wie Seilbahn), Schutzhütte Krippenstein (1. Juni bis Mitte Oktober).
Unterkunft: Siehe Einkehr. Übernachtungsmöglichkeiten aller Art in Obertraun und Hallstatt.
Tourist-Info: Fremdenverkehrsverband Obertraun, 4831 Obertraun, Tel. 06131/351, Fax 34222. Betriebsleitung der Dachsteinseilbahn, 4831 Obertraun, Tel. 06131/273, Fax 531.
Besonderer Hinweis: Alpine Ausrüstung und Mitnahme von Trinkwasser unbedingt notwendig.
Mountainbikegeeignet: nein

Obwohl unsere Route vom Krippenstein zum Heilbronner Kreuz und weiter zur Seilbahnstation am Krippeneck nur breite und für die ganze Familie geeignete Wege umfasst, bleibt ihre Umgebung dennoch hochalpin. Man sollte dies bei der Planung der Tour nicht unterschätzen. Dann steht einem erlebnisreichen Tag auf der Karsthochfläche des Dachsteins nichts mehr im Wege.

Der Wegverlauf

Von der Seilbahnstation am **Krippenstein** gehen wir kurz nach Südwesten zu einer Verzweigung und halten uns hier links auf dem Weg Nr. 661. Über viel Geröll leitet uns der Pfad in eine Senke hinunter. In der Umgebung des Krippenstein sind die Spuren des winterlichen Skibetriebs deutlich zu erkennen. Nun gehen wir auf einem Fahrweg über die mit Latschen bewachsene Karrenhochfläche in südöstlicher Richtung, bis wir auf den querenden Weg Nr. 662 stoßen. Etwas links, abseits des Weges, erkennen wir das Portal der Krippenstein-Eishöhle. An der Weggabelung gehen wir links und wandern nun in nördlicher Richtung auf den Däumelsee zu. Den Steig zur Schönbergalm lassen wir links liegen und halten uns rechts auf dem als Karstlehrpfad ausgeschilderten Weg. Von einer Holzbank aus können wir einen kurzen Blick auf den **Däumelsee** erhaschen.

24

Nun geht es durch eine wild verkarstete Landschaft nördlich um das **Margschierf** (2080 m) herum. Immer wieder eröffnen sich phantastische Ausblicke, so etwa auf den Hallstätter See, das Trauntal und die Niederen Tauern. Vorbei an einer sehr großen Doline erreichen wir das **Heilbronner Kreuz** (1959 m). Es erin-

nert an die Tragödie vom Karfreitag, dem 8. April 1954, als sich hier eine Gruppe von 13 Schülern und Lehrern aus Heilbronn im Schneesturm verirrte und erfror.

Wir wandern nun in südwestliche Richtung auf Weg Nr. 664 in Richtung Krippeneck. Wir orientieren uns dabei nicht an den Abzweigungen kleinerer Pfade, sondern bleiben stets auf dem Hauptweg. Wir gehen durch urige Zirbenbestände, die zeigen, wie hart das Leben in dieser Höhe ist. Bald stoßen wir in einer Mulde auf eine der wenigen Quellen des Gebietes. Ihr Wasser versiegt sofort wieder im karstigen Boden. Unter den Wänden des Hirzkarkogels (1859 m)

passieren wir die verfallene **Hirzkaralm**. In der ausgedehnten Mulde sind noch immer einzelne Fundamente zu erkennen. Auf dem letzten Wegstück zum Krippeneck begleitet uns im Frühsommer eine üppige alpine Vegetation. Durch Latschenbestände erreichen wir die Seilbahnstation. Mit der Bahn können wir in kurzer Zeit zum Ausgangspunkt der Wanderung bzw. in die Talorte zurückkehren.

Karsterschei-nungen prägen weite Teile des Dachstein-Plateaus.

25 Von Bad Aussee zum Sommersbergsee

Moorsee in idyllischer Mittelgebirgslandschaft: Bad Aussee – Reitern – Tannenwirt – Sommersbergsee – Wasnerin – Bad Aussee   Karte: F 5

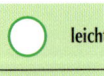 leicht

 9 km

2,5 – 3 Std.

↑ 200 m ↓ 200 m

 ja

Tourencharakter: Die Wanderung führt auf gut gekennzeichneten Wegen oder auf wenig befahrenen Straßen durch die liebliche Mittelgebirgslandschaft um Bad Aussee.
Beste Jahreszeit: April – Ende Oktober.
Ausgangs-/Endpunkt: Ortszentrum von Bad Aussee.
Wanderkarte: Kompass-WK 20 Dachstein – Südliches Salzkammergut, 1:50000. F&B-WK 281 Dachstein – Ausseer Land – Filzmoos – Ramsau, 1:50000.
Markierungen: Wegweiser und Wegmarkierungen im gesamten Wegverlauf ausreichend vorhanden.
Verkehrsanbindung: Mit dem Auto erreicht man Bad Aussee auf der B 145 über die Pötschenhöhe oder aus dem steirischen Ennstal. Eine attraktive Anreisemöglichkeit vom Hallstätter See bildet die wildromantische Koppenstraße, die über Obertraun direkt nach Bad Aussee führt. Der Ort liegt auch an der Bahnlinie von Attnang-Puchheim nach Stainach-Irdning, und es bestehen gute

Busverbindungen zu allen Umlandgemeinden, auch nach Oberösterreich.
Einkehr: Einkehrmöglichkeiten aller Art im Ortsgebiet von Bad Aussee. Unterwegs Jausenstation Sommersbergsee (Sommerbetrieb), Hotel Wasnerin (außer November ganzjährig geöffnet), Gasthof Teichwirt (ganzjährig).
Unterkunft: Übernachtungsmöglichkeiten aller Art in Bad Aussee.
Tourist-Info: Tourismusverband Salzkammergut – Ausseerland, Kurhausplatz 55, 8990 Bad Aussee, Tel. 03622/54040, Fax 540407. Kulturamt der Stadt Bad Aussee, Rathaus, 8990 Bad Aussee, Tel.03622/5251121, Fax 5251127.
Besonderer Hinweis: An warmen Tagen Badesachen nicht vergessen! Diese Tour ist auch für **Mountainbikes** geeignet.

Diese Wanderung erschließt eine für das Salzkammergut eher ungewöhnliche Gegend. Sie führt über die Wiesenhochflächen der Ausseer Umgebung. Prächtige Baumgruppen prägen immer wieder das Landschaftsbild. Und mit dem Sommersbergsee finden wir noch eine erfrischende Abkühlungsmöglichkeit.

Der Wegverlauf

Gegenüber dem **Gasthof Steirerhof** im Zentrum von → **Bad Aussee** gehen wir auf dem mit Nr. 14 bezeichneten Fahrweg neben der Traun in nordwestliche Richtung. Nach etwa 200 m erreichen wir eine Weggabelung, an der wir uns links halten. Zwischen den letzten Häusern von Aussee geht es durch einen Waldstreifen recht steil aufwärts zu den Wiesenflächen rund um den Ortsteil **Reitern**. Wir wandern über die Wiesen, die immer wieder schöne Blicke auf die Ausseer Hausberge eröffnen, bis in die Streusiedlung hinein und schließlich nach rechts hinunter zur **Altausseer Zubringerstraße**.

Wir überqueren die Straße und folgen jenseits einem Weg durch den Graben des Lupitschbachs aufwärts zur Bundesstraße B 145, die wir beim ehemaligen **Gasthof Tannenwirt** erreichen. Nun wandern wir auf der immer noch mit Nr. 14 gekennzeichneten Fahrstraße durch den Wald aufwärts. In südwestlicher Richtung erreichen wir bei einigen Häusern eine Verzweigung. Wir bleiben weiter auf dem mit Nr. 14 bezeichneten Weg halb rechts und gehen am Waldrand entlang südwärts. Ein sehr langgestreckter Bogen leitet uns um den bewaldeten Hügel des Ischlkogels (977 m) herum. In einer Mulde westlich des Hügels liegt der idyllische **Sommersbergsee** (856 m), der durch sein dunkles, von Huminsäuren gefärbtes Wasser auffällt.

In den Sommermonaten erreicht der See sehr hohe Temperaturen und ist ein entsprechend beliebtes Badeziel. Nach einer Erfrischung und einer eventuellen Einkehr in der Jausenstation am See führt die Wanderung in südwestlicher Richtung weiter. Nach einem sanften Anstieg aus der Seemulde erreichen wir den Beginn einer asphaltierten Straße. Wir folgen dem Fahrweg mit seinen 3 Serpentinen nach Süden abwärts. Bald ändert sich die Richtung und wir gehen nun nach Osten über die weiten Wiesenflächen des Weilers **Egg**. Von hier eröffnet sich ein besonders schöner Blick auf das Talbecken mit der Stadt und auf die zerstreuten Ortsteile auf den Mittelgebirgen.

Auf dem weiteren Weg in östlicher Richtung passieren wir das **Hotel Wasnerin** und wenig später den als **Teichschloss** bekann-

Von den Wiesenflächen genießt man immer wieder prächtige Ausblicke auf das Loser-Massiv.

ten Ansitz nördlich des Ortsteiles Lärchenreith. Etwa 100 m nach dem Ansitz treffen wir auf eine Linksabzweigung, der wir zur B 145 hinunter folgen. Wer im Gasthof Teichwirt einkehren möchte, muß vor Erreichen der Bundesstraße nochmals einen kurzen Abstecher nach links machen. Nachdem wir die Bundesstraße überquert haben, leitet die ehemalige Hauptzufahrt steil hinunter in das Zentrum von Bad Aussee und damit zurück zum Ausgangspunkt unserer Wanderung.

Zur Blaa-Alm

Wiesenwanderung durch ein Blumenparadies: Altaussee – Hinterposern – Wiesenweg – Blaa-Alm – Altaussee   Karte: F 4/5

26

 leicht

 10 km

 2,5 bis 3 Std.

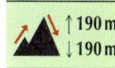 ↑190 m ↓190 m

 ja

Tourencharakter: Die Wanderung führt auf bestens gekennzeichneten Wegen über blumenreiche Wiesen zu einem beliebten Ausflugsgasthof.
Beste Jahreszeit: April – Ende Oktober, am schönsten im Mai/Juni (Narzissenblüte).
Ausgangs-/Endpunkt: Ortszentrum von Altaussee.
Wanderkarte: Kompass-WK 20 Dachstein – Südliches Salzkammergut, 1:50000. F&B-WK 281 Dachstein – Ausseer Land – Filzmoos – Ramsau, 1:50000.
Markierungen: Wegweiser und Wegmarkierungen im gesamten Wegverlauf ausreichend vorhanden.
Verkehrsanbindung: Mit dem Auto erreicht man Altaussee auf der B 145 über die Pötschenhöhe oder aus dem steirischen Ennstal. Wenige Kilometer west-
lich von Bad Aussee führt eine direkte Zufahrtsstraße in den Ort. Gute Busverbindungen nach Bad Aussee, von hier auch zu allen Umlandgemeinden bzw. Bahnanschluss an die Salzkammergutstrecke.
Einkehr: Einkehrmöglichkeiten aller Art im Ortsgebiet von Altaussee. Unterwegs Gasthof Blaa-Alm (1. Mai bis Allerheiligen).
Unterkunft: Übernachtungsmöglichkeiten aller Art in Altaussee.
Tourist-Info: Tourismusverband Salzkammergut-Ausseerland, Kurhausplatz 55, 8990 Bad Aussee, Tel. 03622/54040, Fax 540407. Informationsbüro Altaussee, 8992 Altaussee, Tel. 03622/71643. Auf einer (abweichenden) Route ist die Blaa-Alm auch mit dem **Mountainbike** erreichbar.

Der Wiesenweg auf die Blaa-Alm ist einer der berühmtesten Wege des gesamten Salzkammergutes. Vor etwa 30 Jahren war die Gegend noch völlig naturbelassen. Dies hat sich mittlerweile leider geändert, doch noch immer ist der Spaziergang in das tief

zwischen Sandling und Loser eingeschnittene Tal sehr zu empfehlen.

Der Wegverlauf

Im Ortszentrum von → **Altaussee** – beim Hotel Kitzer – gehen wir auf einer asphaltierten Straße links neben dem Augstbach in nordwestlicher Richtung. Bald treffen wir auf die Straße, die Altaussee mit dem Salzbergwerk am Sandling verbindet. Wir

Eine Bronzestatue an der Blaa-Alm ist den „wichtigsten" Bewohnern der Alm gewidmet.

26 überqueren die Straße und wandern danach steiler aufwärts zum Beginn eines **Karrenweges**, der mit Nr. 2a gekennzeichnet ist. Auf diesem Pfad gehen wir nun zunächst durch dichten Wald, der sich jedoch bald auflockert und in sanftes Wiesengelände übergeht. Bald erreichen wir die Häuser von Thörl und wenig später – nach einem weiteren kurzen Waldstück – die Häuser von **Scheiben**.

Die Wiesen rund um den Ort weisen eine typische Buckelstruktur auf, die auf der jahrhundertelangen extensiven Bewirtschaftung beruht. Nachdem wir am Weiler vorbeispaziert sind, gehen wir wieder in den Wald hinein. Ein Nebenbach wird überschritten, und in mehreren Biegungen leitet der Weg unterhalb des Salzberges entlang. Wenn sich der Blick nach Osten öffnet, erkennen wir die Anlagen des Loser-Skizentrums und die Trasse der Panoramastraße, die diese einst so stille Landschaft erschlossen haben. Im enger werdenden Tal wendet sich der Pfad nun in nördliche Richtung. Wir verlassen den Wald und treten auf die offenen Wiesenflächen hinaus. Auf den reich strukturierten Wie-

sen stehen zahlreiche alte Heustadel, in denen nach der Mahd das frische Heu gelagert und für Notzeiten aufbewahrt wurde. Leider sind mittlerweile viele dieser Heuhütten vom fortschreitenden Verfall betroffen. Immer wieder treffen wir in den Wiesen auch auf feuchtere Stellen, etwa wenn wir die Gräben des Sandling- und Kaslingbaches überque-

ren. Hier ist eine spezielle Vegetation ausgebildet, die unter an- *Mächtig*
derem viele Orchideenarten umfaßt. Langsam nähert sich der *thront der*
Wald von den steilen Wänden des Sandling und des Loser- *Loser über*
massivs wieder an unseren Wiesenweg an. Zweimal durchschrei- *dem Weg zur*
ten wir sogar kleine Gehölzgruppen, treten allerdings wieder in *Blaa-Alm.*
die Wiesen hinaus.

Sobald wir eine querende Forststraße erreichen, gehen wir auf
dieser nach rechts zur **Blaa-Alm**-Zufahrtsstraße. Hier halten wir
uns links und erreichen nach wenigen Minuten den Gasthof
(894 m). Mit der beschaulichen Almidylle, die hier noch in den
50er und 60er Jahren herrschte, ist es heute leider vorbei. Die
Zufahrtsstraße hat zwar die Alm leichter erreichbar gemacht, ihr
jedoch auch viel vom ursprünglichen Zauber geraubt.

Für unseren Rückweg nach Altaussee nutzen wir wieder den Anstiegsweg und können so noch einmal viele Eindrücke aus diesem herrlichen Blumenparadies in uns aufnehmen.

27 Auf den Loser

Auf den prominentesten Aussichtsberg des steirischen Salzkammergutes:
Loserhütte – Loser – Loserfenster – Augstsee – Loserhütte   Karte: F 4

mittel

5 km

2,5 Std.

↑ 350 m
↓ 350 m

nein

Tourencharakter: Eine Wanderung am Rande des Toten Gebirges mit allen Anforderungen einer kurzen Tour durch alpines Gelände. Mehrere exponierte Passagen, daher sind Trittsicherheit und Schwindelfreiheit erforderlich.
Beste Jahreszeit: Mai bis Ende Oktober.
Ausgangs-/Endpunkt: Loserhütte an der Loser-Panoramastraße.
Wanderkarte: Kompass-WK 20 Dachstein – Südliches Salzkammergut, 1:50000. F&B-WK 281 Dachstein – Ausseer Land – Filzmoos – Ramsau, 1:50000.
Markierungen: Wegweiser und Wegmarkierungen im gesamten Wegverlauf vorhanden.
Verkehrsanbindung: Man erreicht den Ausgangspunkt der Wanderung mit dem Auto von Altaussee. über die Loser-Mautstraße, die etwas nördlich des Ortes von der Zufahrt zur Blaa-Alm ab-

zweigt. In zahlreichen Serpentinen geht es den Berg hinauf. 50 m östlich der Loserhütte – ca. 11 km von Altaussee entfernt – befindet sich ein Parkplatz.
Einkehr: Einkehrmöglichkeiten aller Art im Ortsgebiet von Altaussee. Unterwegs Loserhütte (ganzjährig, außer 1. November bis 15. Dezember). Bergrestaurant am Großparkplatz am Ende der Mautstraße (Sommeröffnung).
Unterkunft: Übernachtungsmöglichkeiten aller Art in Altaussee. 20 Betten in der Loserhütte.
Tourist-Info: Tourismusverband Salzkammergut-Ausseerland, Kurhausplatz 55, 8990 Bad Aussee, Tel. 03622/54040, Fax 540407. Informationsbüro Altaussee, 8992 Altaussee, Tel. 03622/71643. Loser-Panoramastraße Betriebsgesellschaft, 8992 Altaussee, Tel. 03622/713150, Fax 7131513.

Der Loser ist der berühmteste und markanteste „Hausberg" des steirischen Salzkammergutes. Die Panoramastraße hat diesem Wahrzeichen zwar seine Stille geraubt, sie erlaubt allerdings auch dem Normalwanderer eine bequeme Gipfelbesteigung, die nichts von ihrem alpinen Charakter verloren hat.

Sanft schmiegt sich der Augstsee in eine Wiesenmulde.

Der Wegverlauf

Von der Loser-Panoramastraße sind es nur etwa 50 m bis zur **Loserhütte** (1498 m), dem eigentlichen Ausgangspunkt unserer Wanderung. Auf Weg Nr. 201 gehen wir in westliche Rich-

27

tung zu einer Wegteilung. Dort halten wir uns rechts und folgen nun Weg Nr. 255. Über spärlich bewaldete, steile Hänge gewinnt der Pfad in vielen Serpentinen schnell an Höhe. Durch eine rasendurchsetzte Steilflanke, die bei feuchtem Wetter recht kritisch zu begehen sein kann, erreichen wir ein grasiges Tälchen. Nun geht es weniger steil weiter aufwärts. Der Pfad führt genau nach Norden zum **Sattel** zwischen Loser- und Hochangergipfel.

Wir gehen nun zunächst nach links und erreichen – an steilen Grashängen entlang – den Gipfel des **Loser** (1837 m). Diesen ziert ein großes Metallkreuz, das auch das Gipfelbuch enthält. Der Tradition folgend sollten wir uns darin eintragen.

Der weitere Rundweg führt uns zunächst zurück zu dem vorhin erwähnten Sattel. Wir gehen nun jedoch nicht rechts zurück zur Loserhütte, sondern wandern auf Weg Nr. 256 geradeaus weiter. Steil geht es in östlicher Richtung durch Latschenbestände hinauf zum Gipfel des **Hochanger** (1838 m), der statt des Gipfelkreuzes einen Fernsehsender trägt.

Über einen latschenbewachsenen Felskamm halten wir in nordöstlicher Richtung auf den Gipfel des **Atterkogels** (1826 m) zu. Bald erreichen wir das eigenartige **Loserfenster**, einen Felsbogen, der durch die starke Erosion in der großen Höhe entstanden ist. Durch das Fenster blicken wir nach Norden auf die karstige Hochfläche des Toten Gebirges und auf den nahe gelegenen Gipfel des Greimuth (1871 m).

Wir wandern auf der rechten Seite des Grates abwärts. Durch eine mit grobem Blockmaterial gefüllte Rinne und über mehrere Felsstufen geht es hinunter in eine Mulde zu Füßen des Atterkogels. Über alpine Rasen steigen wir rechts zum malerischen **Augstsee** (1643 m) ab. Wir gehen etwas oberhalb seines linken Ufers entlang und erreichen eine Wiesenschulter mit einer Wegteilung. Wir halten uns rechts und gehen hinunter zum Großparkplatz am Ende der Panoramastraße. Auf der Straße bzw. dem parallel dazu verlaufenden Steig erfolgt der Abstieg zurück zum Ausgangspunkt.

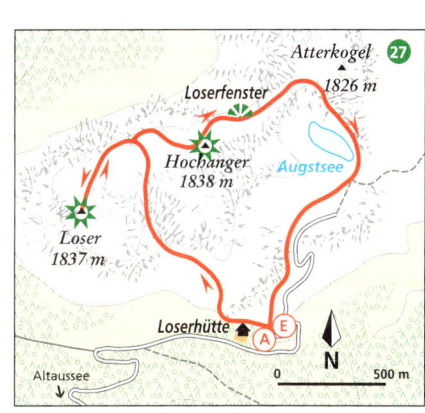

28

Rund um den Altausseer See

Traumhafter Uferspaziergang mit erhebenden Ausblicken: Altaussee – Fischerndorf – Kerry-Weg – Seewiese – Seeklause – Altaussee   Karte: F/G 4/5

leicht

7,5 km

2 – 2,5 Std.

↑ 20 m
↓ 20 m

ja

Tourencharakter: Einfache Wanderung auf bequemem, fast eben verlaufendem Panoramaweg mit herrlichen Ausblicken.

Beste Jahreszeit: März – Anfang November.

Ausgangs-/Endpunkt: Ortsteil Fischerndorf von Altaussee.

Wanderkarte: Kompass-WK 20 Dachstein – Südliches Salzkammergut, 1:50000. F&B-WK 281 Dachstein – Ausseer Land – Filzmoos – Ramsau, 1:50000.

Markierungen: Wegweiser und Wegmarkierungen im gesamten Wegverlauf reichlich vorhanden.

Verkehrsanbindung: Mit dem Auto erreicht man Altaussee auf der B 145 über die Pötschenhöhe oder aus dem steirischen Ennstal anreisend. Wenige Kilometer westlich von Bad Aussee führt

eine direkte Zufahrtsstraße in den Ort. Gute Busverbindungen nach Bad Aussee, von hier auch zu allen Umlandgemeinden bzw. Bahnanschluss an die Salzkammergutstrecke.

Einkehr: Einkehrmöglichkeiten aller Art im Ortsgebiet von Altaussee. Unterwegs mehrere Gasthöfe am Westufer des Sees, Jausenstation Jagdhaus Seewiese (1. Mai bis 31. Oktober).

Unterkunft: Übernachtungsmöglichkeiten aller Art in Altaussee.

Tourist-Info: Tourismusverband Salzkammergut-Ausseerland, Kurhausplatz 55, 8990 Bad Aussee, Tel. 03622/54040, Fax 540407. Informationsbüro Altaussee, 8992 Altaussee, Tel. 03622/71643.

Besondere Hinweise: Unterwegs wiederholt Bademöglichkeit im Altausseer See.

Der Promenadenweg rund um den Altausseer See ist einer der berühmtesten Wanderwege des Salzkammergutes, und dies zu Recht! Immer führt er direkt am Wasser entlang und erlaubt einmalige Ausblicke auf die umgebende Bergwelt.

Im klaren Wasser des Sees spiegeln sich die majestätischen Gipfel des Dachsteins.

Der Wegverlauf

Ausgehend vom „Hotel am See" im → **Altausseer** Ortsteil **Fischerndorf** gehen wir in Richtung Seeufer und erreichen bald die Promenade, die am nördlichen Ufer des Altausseer Sees auch als **Kerry-Weg** bezeichnet wird. Zunächst eine breite Straße, geht sie je-

doch bald in einen geschotterten Fahrweg über. An einem schönen Badeplatz mit kleinem Kiosk verwandelt sich der Fahrweg in einen schönen Spazierweg, der uns in nordöstlicher Richtung weiter am See entlangleitet. Bald erreichen wir eine kurze, etwas exponierte Passage, an welcher der Weg durch eine an den See heranreichende Felswand geschlagen wurde.

Kurz sind wir am Nordostende des Sees und verlassen das Ufer in nördlicher Richtung. Durch dichten Wald kommen wir an eine Verzweigung, an der wir uns weiter auf dem **Seeuferweg** (rechts) halten. Durch dichtes Buschwerk und Wald gehen wir in südlicher Richtung zurück zum See, den wir an der lieblichen Seewiese wieder erreichen. Neben dem alten **Jagdhaus** befindet sich hier auch eine Schiffsanlegestelle. Am Fuße der imposanten Trisselwand führt unser Pfad weiter am Ostufer entlang, bis wir die Südostecke des Sees erreichen.

Nun schwenkt der Steig in südwestliche Richtung um und leitet am romantischen, sanfteren Südufer entlang. Die weitläufigen Buchten mit ihren feinkiesigen Stränden laden zum Verweilen, in der warmen Jahreszeit natürlich auch zu einem erfrischenden Bad im See ein. Da die Uferpromenade alle Buchten voll ausgeht, ist der Süduferweg deutlich länger als jener am Nordufer. Vorbei am Strandcafé erreichen wir die Südwestecke des Sees mit der sogenannten **Seeklause**. Im sauerstoffreichen Wasser können wir hier regelmäßig große Forellen beobachten, die auch auf den Tellern der umliegenden Gasthöfe und Restaurants landen.

Die mächtige Trisselwand erhebt sich direkt über dem See.

An der Seeklause gehen wir rechts über den Bach und weiter zum Hotel Seevilla. Hier beginnt der **Johannes-Brahms-Weg**, der als Promenade oder schmaler Wiesenpfad durch die Kulturlandschaft am Westufer nach Fischerndorf zurückleitet. Der Wegabschnitt trägt den Namen des berühmten Komponisten, der immer wieder zur Sommerfrische in Altaussee weilte und hier lustwandelte. Unmittelbar vor der Rückkehr nach Fischerndorf treffen wir noch auf einen Bootsverleih, der uns die Möglichkeit gibt, die Seeumrundung nochmals auf dem Wasser nachzuvollziehen.

29

Drei-Seen-Wanderung zum Traun-Ursprung

Im Angesicht des Toten Gebirges zum Traun-Ursprung: Grundlsee – Gößl – Toplitzsee – Kammersee – Gößl – Grundlsee   Karte: G/H 5, H 4

 mittel

 **20 km**

 **5,5 – 6 Std.**

 **↑ 80 m ↓ 80 m**

 ja

Tourencharakter: Eine einfache, aber recht lange Wanderung zum Ursprung der Traun, die mehrfach durch Nutzung öffentlicher Verkehrsmittel (Schiff oder Bus) abgekürzt werden kann.

Beste Jahreszeit: April – Ende Oktober, am schönsten im Mai/Juni und im Herbst (Laubfärbung).

Ausgangs-/Endpunkt: Grundlsee, Seeklause, ca. 1 km westlich des Seeufers.

Wanderkarte: Kompass-WK 20 Dachstein – Südliches Salzkammergut, 1:50000. Kompass-WK 68 Ausseer Land – Ennstal, 1:50000. F&B-WK 281 Dachstein – Ausseer Land – Filzmoos – Ramsau, 1:50000.

Markierungen: Wegweiser und Wegmarkierungen im gesamten Wegverlauf ausreichend vorhanden.

Verkehrsanbindung: Mit dem Auto erreicht man Bad Aussee auf der B 145 über die Pötschenhöhe oder aus dem steirischen Ennstal. Durch das Ortsgebiet führt eine direkte Zufahrtsstraße an den Grundlsee; hier großer Parkplatz an der Seeklause. Gute Busverbindungen nach Bad Aussee, von hier auch zu allen Umlandgemeinden bzw. Bahnanschluss an die Salzkammergutstrecke. Bootsverkehr auf dem Grundlsee von 15. Mai bis 15. Oktober, auf dem Toplitzsee von 1. Mai bis 31. Oktober.

Einkehr: Einkehrmöglichkeiten aller Art im Ortsgebiet von Bad Aussee und in den verschiedenen Ortsteilen von Grundlsee. Fischerhütte am Toplitzsee (Ostern bis 31. Oktober).

Unterkunft: Übernachtungsmöglichkeiten aller Art in Bad Aussee und Grundlsee.

Tourist-Info: Tourismusverband Salzkammergut-Ausseerland, Kurhausplatz 55, 8990 Bad Aussee, Tel. 03622/54040, Fax 540407. Schiffahrtsunternehmen Zimmermann, 8993 Grundlsee, Tel. 03622/8613.

Bedrückend nahe erscheinen die senkrechten Felsen der Gößlwand.

Diese Tour zu drei der schönsten Seen des steirischen Salzkammergutes wird für jeden Wanderer zum unvergeßlichen Erlebnis.

Der Wegverlauf

An der **Seeklause** überqueren wir zunächst den Abfluss der Grundlseer Traun aus dem See und wandern jenseits des Flusses auf dem **Promenadenweg Nr. 1** in südwestliche Richtung. An einigen Häusern vorbei, kommen wir zu einem geteerten Weg, dem wir nach links folgen. In östlicher Richtung leitet der Weg an den steilen Seeufern entlang, führt jedoch bald hinunter zum **Freibad**. Auf einer Fahrstraße gehen wir etwa 250 m nach rechts hinauf zu einer breiten Asphaltstraße, auf der wir uns links halten. Über die Häusergruppe von **Mitterau** erreichen wir in kurzer Zeit das Ende der Straße in **Hinterau**.

Nun geht es an den steilen Nordhängen des **Ressen** (1303 m) am bewaldeten Seeufer gegen Osten. In leichtem Auf

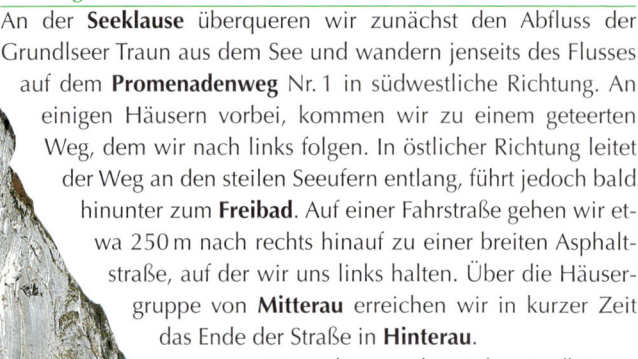

und Ab wandern wir am Südufer entlang, wobei exponierte Abschnitte an der teilweise felsigen Steilflanke gut gesichert sind. Schließlich kommen wir wieder in sanfteres Gelände und gehen leicht ansteigend hinauf zu einer Forststraße. Auf ihr wandern wir weiter in östlicher Richtung und erreichen bald den Weiler **Wienern**. Auf der Asphaltstraße gehen wir durch den Ort und in einer langgezogenen Linksschleife zum Ostende des Grundlsees. Wir wandern in nördlicher Richtung weiter und erreichen bald das Strandbad des Ortsteiles Gößl. Gegenüber wählen wir den Wanderweg, der in Richtung Toplitzsee führt. Gleich zu Beginn diese Weges machen wir eine kurze Schleife nach rechts zur idyllisch gelegenen alten **Ranftlmühle**. Zurück auf der Forststraße halten wir uns in Richtung Toplitzsee. Kurz vor der Westspitze kommen wir auf die Seewiese, wo eine Gedenkstein an die erste Begegnung zwischen Erzherzog Johann und seiner späteren bürgerlichen Gattin Anna Plochl erinnert. Nachdem wir den Seeabfluss überquert haben, erreichen wir den sagenumwobenen **Toplitzsee**, der seit den Berichten um angeblich im See versenktes Nazi-Gold Weltberühmtheit erlangt hat.

Vom Gasthof Fischerhütte aus besteht die Möglichkeit, mit einem der traditionellen Holzboote, Plätte genannt, über den See zu fahren. Am Ostende gehen wir in wenigen Minuten hinauf zum kleinen **Kammersee** (730 m). In einer Felsspalte sehen wir den Wasserfall, der als eine der wichtigsten Quellen der Traun gilt.

Zurück bei der Fischerhütte wandern wir auf der mit Nr. 3 markierten Naturstraße zu Füßen der bedrückend hohen Gößlwand entlang und erreichen kurz darauf die Uferstraße im Ortsbereich von Gößl. Wir empfehlen, von hier mit dem Motorboot (bei Schlechtwetter mit dem Bus) zur Seeklause zurückzukehren.

30 Durch das Naturschutzgebiet Ödensee

Reizvolle Moorlandschaft und interessante Karstbildungen:
Kainisch – Dolinenseen – Kohlröserlhütte – Ödensee – Kainisch **Karte: G 5**

 leicht

 7 km

 2,5 Std.

 ↑10 m ↓10 m

 ja

Tourencharakter: Bequeme Wanderung fast ohne jeglichen Höhenunterschied, die dennoch ein eindrückliches Naturerlebnis vermittelt.

Beste Jahreszeit: April – Ende Oktober.

Ausgangs-/Endpunkt: Ortszentrum von Kainisch.

Wanderkarte: Kompass-WK 68 Ausseer Land – Ennstal, 1:50000. F&B-WK 281 Dachstein – Ausseer Land – Filzmoos – Ramsau, 1:50000.

Markierungen: Wegweiser und Wegmarkierungen im gesamten Wegverlauf ausreichend vorhanden.

Verkehrsanbindung: Kainisch liegt direkt an der B 145, die über die Pötschenhöhe das oberösterreichische Salzkammergut mit dem steirischen Ennstal verbindet. Von Bad Aussee sind es nur noch wenige Kilometer bis in den Ort. Ausreichend Parkmöglichkeiten

sind vorhanden. Busverbindungen nach Bad Aussee, von hier Bahnanschluss an die Salzkammergutstrecke bzw. ins steirische Ennstal.

Einkehr: Mehrere Gasthöfe im Ortsgebiet von Kainisch bzw. Pichl. Unterwegs Kohlröserlhütte (ganzjährig außer 27. Oktober bis 15. Dezember).

Unterkunft: Privatzimmer und Gasthöfe in Pichl-Kainisch, Übernachtungsmöglichkeiten aller Art in Bad Aussee.

Tourist-Info: Tourismusverband Salzkammergut-Ausseerland, Kurhausplatz 55, 8990 Bad Aussee, Tel. 03622/54040, Fax 540407.

Besonderer Hinweis: Bademöglichkeiten an den Ufern des Ödensees. Auf abweichender Strecke ist diese Route auch mit dem **Mountainbike** befahrbar.

Mit dieser Wanderung lernen wir einen Teil jener Moor- und Seenlandschaft kennen, die vom Salzkammergut allmählich in das steirische Ennstal überleitet. Die Region ist durch ein besonders raues Klima geprägt, so dass zahlreiche Hochmoore entstehen konnten. Der Ödensee ist einer der landschaftlichen Höhepunkte des Gebietes.

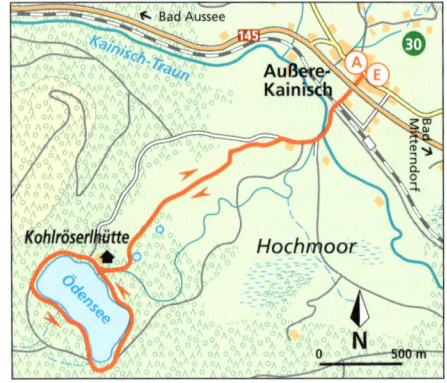

Der Wegverlauf

Im Ortszentrum von Kainisch spazieren wir beim **Gasthof Kainischwirt** etwa 50 m in östlicher Richtung bis zu einer Kreuzung. Hier halten wir uns rechts und gehen auf der mit Fahrverbot belegten Straße unter der Umfahrungsstraße B 145 hindurch. Bald erreichen wir die Ödensee-Zufahrtsstraße und folgen dieser zunächst über

30

die Bahnlinie und entlang der Kainischen Traun zu einer Rechts-
kurve. Bald danach zweigt links der mit Nr. 8 bezeichnete Weg
ab, auf dem wir im weiteren Verlauf der Wanderung bleiben.

Am rechten Rand eines **Hochmoores** wandern wir nun in südwestliche Richtung. An einer Wegkreuzung halten wir uns links
und erreichen nach wenigen Minuten einen Karrenweg, dem wir
nach rechts folgen. Wir überqueren nun die attraktive
Hochmoorfläche und haben dabei die
Gelegenheit, zahlreiche typische Hoch-
moorpflanzen kennenzulernen. Besonders im Juni leuchten die weißen Blüt-
chen der Rosmarinheide aus dem umgebenden Torfmoos hervor. Da diese
Vegetation sehr empfindlich gegen Tritt-
schäden ist, sollten wir unbedingt auf
dem Weg bleiben.

Bald erreichen wir den Wald und gehen
hier nach Südwesten weiter. Im Gehölz
zu unserer Linken liegen zwei kleine Karstseen, die nach der
recht unterschiedlichen Temperatur der speisenden Quellen als
Kalter See und **Warmer See** bezeichnet werden.

*Moore und
Feuchtwiesen
prägen die
Landschaft
rund um den
Ödensee.*

Durch den Wald und über eine Wiese spazieren wir weiter zum
Ufer des Ödensees, den wir bei der **Kohlröserlhütte** erreichen.
Nun sollten wir es nicht versäumen, den idyllisch gelegenen
Moorsee zu umrunden. Entlang des Ufer-Rundwanderweges laden immer wieder malerische Bänke zum Verweilen ein. Wenn
wir den See gegen den Uhrzeigersinn umrunden, kommen wir
zunächst auf eine Forststraße, die an seinem Nordufer entlang-
führt. In der Nordwestecke zweigen wir auf einen schmaleren
Waldpfad ab, der uns am Westufer in südliche Richtung leitet.
Auf Holzstegen überwinden wir dabei einige Seezuflüsse, die
nach der Schneeschmelze jedoch meist trocken fallen.

Am Südende des Sees erreichen wir wieder eine Forststraße, der
wir nach links folgen. Bald bietet sich die Möglichkeit, wiederum
nach links auf einen schmaleren Pfad abzuzweigen und direkt
am Ufer zur Kohlröserlhütte zurückzukehren. An heißen Sommertagen lädt der See dabei zur erfrischenden Abkühlung ein.

Von der Hütte kehren wir auf dem bereits bekannten Zugangs-
weg in die Gemeinde Kainisch zurück.

Vorhergehende Doppelseite: Eine klassische Stadtansicht: der Blick über den Mirabellgarten auf die Feste Hohensalzburg.

▶ AGRARIUM

Höhe: 380 m	Karte: G/H 1

Lage: Das Agrarium ist ein Naturerlebnis zum Hören, Riechen, Sehen und Erleben für die ganze Familie und besonders für Gartenfreunde. Der landwirtschaftliche Erlebnispark liegt im Bereich der historischen Parkanlage von Schloss Almegg in der Gemeinde Steinerkirchen a. d. Traun.

Anreise: Von Salzburg kommend fährt man bei Vorchdorf von der Westautobahn A 1 ab und erreicht nach 7 km Schloss Almegg und das Agrarium. Von Wien anreisend verlässt man die A 1 bei Sattledt und gelangt nach etwa 10 km ans Ziel.

Sehenswert: Das Agrarium, Schloss Almegg 11, 4652 Steinerkirchen (Tel. 07245/25810 bzw. 0664/2202070), ein kunterbuntes Reich der Sinne, ist einer der außergewöhnlichsten Pflanzen-Erlebnisparks Europas. Auf 100 000 m^2 gibt es 570 heimische Pflanzen und 60 bezaubernde Gärten zu bewundern. Die Palette reicht vom Kräuter- und Gemüseplateau mit 160 Gemüse- und Kräuterarten über Kosmetik-, Müsli-, Bier-, Tee- und Heilgarten bis hin zu Rausch-, Hexen- und Innovationsgarten. Vorsicht – lassen Sie sich durch den Unkraut- und Chaosgarten nicht verwirren: der hängende Baum wächst wirklich verkehrt! Schon alleine dieses faszinierende Feuerwerk aus Farben, Formen- und Blütenpracht ist betörend. Dass sicher keine Langeweile aufkommt, dafür sorgen auch noch weitere Angebote. So kann man etwa einmal eine echte Königin in Händen halten, man erfährt fast vergessene Bauernweisheiten und bestaunt abwechslungsreiche Kuriositäten. Besonders Kindern macht das Fladenbrot-Backen Spaß, und auch der Erlebnisparcours übt Anziehung aus. Sicher sind Ihre Kleinen von den putzigen Tieren hellauf begeistert. Führungen durch das Agrarium werden angeboten. Öffnungszeiten: 1. Mai bis 26. Oktober täglich: 9:00 – 18:00 Uhr.

▶ ALTAUSSEE

Höhe: 720 m	Karte: F 5
Einwohnerzahl: 2000	Wanderung 26, 27, 28

Lage: Das malerische Altaussee liegt am Südfuß des → **Toten Gebirges** am nördlichen Rand des steirischen Salzkammergutes. In einer flachen Geländemulde schließt sich östlich des Ortes der herrliche Altausseer See an, ein landschaftliches Kleinod der gesamten Region.

Anreise: Mit dem Auto erreicht man Altaussee auf der B 145 über die Pötschenhöhe oder aus dem steirischen Ennstal. Wenige km westlich von → **Bad Aussee** führt eine direkte Zufahrtsstraße in den Ort. Gute Busverbindungen nach Bad Aussee, von hier auch zu allen Umlandgemeinden bzw. Bahnanschluss an die Salzkammergutstrecke.

Geschichte: Schon in einer Urkunde aus dem Jahre 1147 wird Altaussee erwähnt. Es ist damit die am längsten bekannte Siedlung des Salzkammergutes. Ähnlich wie den Nachbarort Bad Aussee prägte das Salz auch diese Gemeinde. Im Gegensatz zum heute städtischen Bad Aussee konnte sich jedoch Altaussee seinen dörflich-familiären Charakter bewahren. Schon seit über 100 Jahren ist es Wahlheimat bedeutender Literaten, Musiker und Theatermacher. Die Liste reicht von Größen vergangener Tage, wie etwa Johannes Brahms oder Jakob Wassermann, bis zu Künstlern und Kritikern unserer Zeit, wie etwa dem gebürtigen Ausseer Klaus Maria Brandauer, den Ausseer Hardbradlern oder dem deutschen Literaturkritiker Marcel Reich-Ranicki.

Die Altausseer Dreifaltigkeitssäule ist Ausdruck der tiefen Religiosität im steirischen Salzkammergut.

Sehenswert: Das Ortsbild von Altaussee wird durch **holzverkleidete Bauten** aus dem 19. Jh. geprägt. Die hölzerne Fassade muss zwar regelmäßig gepflegt oder gar erneuert werden, ist aber ein idealer Isolator gegenüber dem oft recht rauen Klima des winterlichen Ausseer Landes.

Ein Blick in die **Pfarrkirche St. Ägid** überrascht durch die interessanten Lichteffekte im Gotteshaus. Die originalen Glasfenster aus dem 15. Jahrhundert tauchen den Innenraum in ein mystisches, warmes Licht, das eine kontemplative Stimmung aufkommen lässt.

Auf keinen Fall versäumen sollten Sie einen Spaziergang auf der **Altausseer Via Artis**. Hier wandeln Sie auf den Spuren vergangener Zeiten und entdecken die Sommersitze kultureller Größen des 19. und 20. Jahrhunderts. Ausgangspunkt des Weges ist der Kurpark beim Kur- und Amtshaus der Gemeinde. Erste Station ist die ehemalige Königsgarten-Villa, in der Friedrich Torberg zeitweise lebte und arbeitete. Für den Poeten war das Leben in Altaussee die Erfüllung eines Kindertraumes. Mit den umliegenden Häusern sind weitere Dichternamen verbunden, so etwa Adalbert Stifter, Ludwig Ganghofer, Arthur Schnitzler und Rainer Maria Rilke, um nur einige wenige zu nennen. Die nächste Station am heutigen Hotel Seevilla erinnert vor allem an Johannes Brahms, dessen Klaviertrio in C-Dur in der alten Seevilla uraufgeführt worden ist. Die Liste prominenter kunstschaffender Ausseer Sommerfrischler ließe sich noch lange fortsetzen – entdecken Sie weitere Namen im Zuge Ihres Spaziergangs!

▶ ATTERSEE

| Höhe: 467 m | Karte: D/E 1–3 |
| | Wanderung 9, 10 11 |

Lage: Dieser mit 47 km² größte See des österreichischen Alpenraumes erstreckt sich in Nord-Süd-Richtung. Während das Südufer an die nördlichen Kalkvoralpen anschließt, liegt seine Nordspitze schon im Alpenvorland.

Entstehung: Die riesige Mulde des Attersees – 20 km lang, 3 km breit und maximal 170 m tief – wurde durch die Gletscher der letzten Eiszeit ausgehoben. Das abgehobelte Felsmaterial wurde am Nordende des heutigen Sees abgelagert und ist als Endmoränenwall im Bereich von → **Seewalchen-Schörfling** zu sehen.

Sehenswert: Von besonderem Reiz ist die **Attersee-Uferstraße**, die den gesamten See umspannt. Bei der langsamen Fahrt durch die Landschaft erleben wir eine kontinuierliche Aufeinanderfolge von Eindrücken, die sich allmählich von der anmutigen Lieblichkeit zur erhabenen Gebirgsszenerie hin steigert. Jeder Ort hat seinen eigenen Charakter und verdient nähere Betrachtung.

Nicht immer ist die Oberfläche des Attersees so glatt!

Ein Naturjuwel im Bereich des Sees ist der **Kastanienwald bei Unterach**. Ein Waldlehrpfad, der nur wenige Meter von der Uferstraße entfernt seinen Ausgang nimmt, führt zu den schönsten Plätzen und erläutert die Besonderheiten dieses klimatisch begünstigten Fleckens.

► BAD AUSSEE

Höhe: 650 m	Karte: F 5
Einwohnerzahl: 5150	Wanderung 25, 29, 30

Lage: Die Stadt liegt in einer der schönsten Landschaften Österreichs, dem Ausseer Land. Sie präsentiert sich als moderner Kurort mit langjähriger Sommerfrischetradition. Bad Aussee ist als größter Ort des steirischen Salzkammergutes wichtiger Verwaltungssitz.

Anreise: Mit dem Auto erreicht man Bad Aussee auf der B 145 über die Pötschenhöhe oder aus dem steirischen Ennstal. Eine attraktive Anreisemöglichkeit vom Hallstätter See bildet die wildromantische Koppenstraße, die über Obertraun direkt nach Bad Aussee führt. Der Ort liegt auch an der Bahnlinie von Attnang-Puchheim

nach Stainach-Irdning, und es bestehen gute Busverbindungen zu allen Umlandgemeinden, auch nach Oberösterreich.

Ein Meisterwerk der mittelalterlichen Astronomie: die Sonnenuhr am Kammerhof.

Geschichte: Wahrscheinlich war die Region um Bad Aussee schon in der Urzeit recht dicht besiedelt. Die erste urkundlich belegte Erwähnung der Örtlichkeit datiert aus dem Jahr 1150, als sie unter dem Namen „Oussa" beschrieben wurde. Im Jahre 1300 kam es auf Betreiben von Herzog Albrecht I. zur Ortsgründung. Schon bald erlangte die Siedlung als Salzgewinnungsstätte große Bedeutung. 1333 scheinen die 24 „Hallinger" als Erbpächter der Saline auf. Kaiser Friedrich III. zwang sie jedoch zum Verkauf ihrer Rechte und übernahm mit seinem Sohn Maximilian I. die Salzgewinnung für die eigene Finanzkammer. Im 16. Jh. herrschte rege Bautätigkeit, an die noch heute die stattlichen Bürgerhäuser erinnern. 1804 wurde eine der berühmtesten Ausseerrinnen geboren, die Postmeisterstochter Anna Plochl. Sie wurde später die Gattin des Erzherzogs Johann, der für seine große Liebe auf seinen Adelstitel verzichtete. Im Jahre 1868 wurde Bad Aussee offiziell zum Kurort erklärt, was zu einem weiteren Aufschwung der schon bekannten Sommerfrische beitrug. 1911 wurde der Ort Markt, 1994 erfolgte die Stadterhebung.

Sehenswert: Harmonisch der Ausseer Landschaft angepasst ist die **Pfarrkirche Hl. Paulus**, die um 1301 urkundlich erwähnt wurde. Jüngste Ausgrabungen lassen jedoch vermuten, dass hier schon vor 1200 eine romanische Kapelle stand. Sehenswert von der Innenausstattung ist vor allem ein Sakramentshäuschen aus rotem Marmor im Chor und eine „Schöne Madonna" aus Steinguss in der Frauenkapelle.

Die **Spitalskirche Hl. Geist** wurde 1395 erbaut und ist mit einem bedeutenden Gemäldezyklus ausgestattet. Der Flügelaltar zeigt Szenen aus der Kindheit Jesu. Kirche und ehemaliges Spital sind heute im Besitz der Österreichischen Salinen.

Das Ortsbild Bad Aussees wird noch heute von den spätgotischen Hallingerhäusern geprägt. Diese schmucken Bürgerhäuser entstanden als Wohn- und Verwaltungsgebäude der bürgerlichen Salzverwalter. Im ehemaligen Salzamtsgebäude aus dem 14. Jh. ist heute das sehenswerte **Kammerhofmuseum**, Chlumeckyplatz 1 (Tel. 03622/5251121), untergebracht. Die Sammlungen haben mehrere Schwerpunkte. Der Ortsgeschichte und natürlich dem Salz wird breiter Raum gewidmet. Trachten, Brauchtum und Volksmusik werden in einem Querschnitt vom Beginn der Neuzeit bis heute vorgestellt. Darüber hinaus erfährt der interessierte Besucher viel über die Höhlen des Toten Gebirges. Hauptattraktion ist hier ein fast vollständiges Skelett eines riesigen Höhlenbären. Öffnungszeiten: Ostern bis Ende Mai und Oktober: Dienstag 15:30 – 18:00, Freitag 9:30 – 12:00, Sonntag 10:00 – 12:00, Ende Mai bis Ende September täglich 10:00 – 12:00 und 15:00 – 18:00 Uhr. Sonderführungen auf Anfrage.

▶ BAD GOISERN

| Höhe: 500 m | Karte: E 4/5 |
| Einwohnerzahl: 6500 | Wanderung |

Lage: Der bekannte Luftkurort ist zwischen Ramsaugebirge und Predigtstuhl eingebettet. Am Südrand des Ortes beginnt der tief in die Ausläufer des Dachstein eingeschnittene Hallstätter See, der sich über eine Länge von etwa 8,5 km bis Obertraun ausdehnt.

Anreise: Bad Goisern liegt direkt an der B 145 und ist mit dem Auto aus allen Teilen des Salzkammergutes schnell zu erreichen. Regelmäßige Busverbindungen bestehen von Bad Ischl, Hallstatt und vom steirischen Teil des Salzkammergutes. Auch liegt die Ortschaft direkt an der Bahnlinie von Attnang-Puchheim ins steirische Ennstal.

Geschichte: Der Ortsname änderte sich im Laufe der Zeit immer wieder; erst um 1670 tauchte die Bezeichnung Goisern auf. Um 1882 begann der Aufschwung als Fremdenverkehrsort. Und seit der Eröffnung der Jodschwefelquelle im Jahr 1884 profitiert Bad Goisern von einem lukrativen Kurtourismus. Mit dem Ort verbindet man auch lebendiges Brauchtum. Denken wir etwa an die weit über die Landesgrenzen hinaus bekannten und beliebten „Goiserer". Diese festen, doppelt genähten Lederschuhe werden im Original handgearbeitet und sind deshalb sehr teuer. Wer sich ein solches Paar leistet, trägt es in der Regel sein Leben lang. Heute gibt es nur noch einen letzten Schuhmacher in Bad Goisern, der dieses traditionelle Handwerk beherrscht. Die Wartezeiten sind daher enorm – erst nach vier Jahren kann man ein Paar Goiserer sein Eigen nennen.

Sehenswert: „… Goisern, Goisern es ist ein Graus/ immer wieder muaß i zruck zu dir/ sonst halt i´s ganz einfach net aus …" (Hubert von Goisern). Vielleicht ergeht es uns ähnlich? Das milde Reizklima, die hohe Sonnenscheindauer, die gute Luft, die windgeschützte Lage und annähernde Nebelfreiheit machen Bad Goisern zu einem idealen Kur- und Ferienort. Wunderschöne Bauerngehöfte liegen malerisch in alter Kulturlandschaft. Gut ausgebaute Wanderwege laden zu Spaziergängen ein.

Die meisten Althäuser des Ortes stammen aus der protestantischen Periode des 16. Jahrhunderts. Typisch für diese Bauweise ist die **Goiserer Mühle**, ein mächtiger Baublock mit Zeltdach (um 1600) mit Marmortor, Doppelfenstern und Schmiedeeisengittern. In der **Marienkapelle** der **Pfarrkirche St. Martin** werden spätgotische Statuen aus dem Umkreis von Lienhard Astl sowie Tafelbilder aus der Werkstatt des Salzburger Meisters Rueland Frueauf d. Ä. aufbewahrt. Die Pfarrkirche war ursprünglich ein gotischer

Bad Goisern ist altes Bauernland. Davon zeugen prächtige Gehöfte und Anwesen.

Bau (1487), von dem heute nur noch der einjochige Chor und das spitzbogige Nordportal unverändert erhalten sind, die wesentlichen Teile stammen jedoch aus dem 19. Jahrhunderts. Auf dem **katholischen Friedhof** gibt es eine Kapelle mit sehenswertem barockem Inventar.

Interessante Zeugnisse der Goiserer Kulturgeschichte finden wir im **Heimatmuseum** neben dem Hotel Goiserermühle. Hier erfährt man alles über die bereits erwähnten Goiserer. Eine umfassende Dokumentation befaßt sich mit dem als Bauernphilosoph bekannt gewordenen Konrad Deubler. Öffnungszeiten: Anfang Juni bis Mitte September: 9:30 – 11:30 Uhr. Auskünfte: Kurverwaltung Bad Goisern, Gottlieb-Oberhauser-Str. 242, 4822 Bad Goisern (06135/83290).

▶ BAD ISCHL (MIT STADTSPAZIERGANG)

Höhe: 489 m	Karte: E 4
Einwohnerzahl: 12970	Wanderung 17

Lage: Bad Ischl und → **Hallstatt** sind die beiden Hauptorte des Inneren Salzkammerguts: Dieses schiebt sich zwischen das Salzburger Land und die Steiermark nach Süden vor. Es wird im Osten vom Toten Gebirge, im Süden vom Dachstein, im Westen vom Taleinschnitt der Gosau und im Norden vom Höllengebirge zwischen Atter- und Traunsee begrenzt. Seinen besonderen Reiz erhält Bad Ischl durch seine Lage zwischen den Flüssen Ischl und Traun, die im Nordosten der Stadt zusammenfließen. Sie sind bekannt für ihre hervorragende Wasserqualität – unzählige Forellen tummeln sich im klaren Gebirgswasser.

Anreise: Bad Ischl ist einer der wichtigsten Verkehrsknotenpunkte des Salzkammergutes. Aus allen Himmelsrichtungen treffen hier wichtige Bundesstraßen aufeinander, die aus dem Umland eine schnelle Anreise ermöglichen. Alle Züge der Salzkammergutbahnstrecke von Attnang-Puchheim ins steirische Ennstal halten auch in Bad Ischl. Zu allen Umlandgemeinden bestehen regelmäßige Busverbindungen.

Geschichte: Wie Funde belegen, haben sich am Zusammenfluss von Traun und Bad Ischl schon in prähistorischer Zeit wandernde Jäger und Sammler vorübergehend niedergelassen. Ein römischer Grabstein mit Doppelbildnis im Turm der Pfarrkirche legt Zeugnis ab über die Besiedlung in der Römerzeit. Doch erst mit der

Entdeckung des „Weißen Goldes" begann der Aufschwung von Bad Ischl. Das erste Salzbergwerk wurde 1263 urkundlich erwähnt; 1514 setzte mit dem Plazet Kaiser Maximilians I. der Salzhandel ein. Doch bereits im 16. Jahrhundert begannen die Vorkommen zu versiegen. Kaiser Rudolph II. ordnete den Bau einer Soleleitung von Hallstatt in das neue Ischler Sudhaus an. Zu dieser Zeit war ein Großteil der Bevölkerung zum Protestantismus übergetreten. Unter der Führung des Stadtrichters Joachim Schwärzl widersetzten sich die Ischler: Sie zogen den Kürzeren und wurden mit dem Verlust der Marktfreiheit bestraft. Damit schien die große Zeit des Ortes rapid beendet – wenn nicht der weitblickende Wiener Arzt Dr. Franz de Paula Wirer im 19. Jahrhundert den Kurbetrieb in Schwung gebracht hätte. Ihm hatte sein Kollege Dr. Josef Götz aus Ischl über seine erfolgreichen Anwendungen von Solebäder bei rheumatischen Erkrankungen, Haut- und Frauenleiden erzählt. Wirer, dem später der Titel „Ritter von Rettenbach" verliehen wurde, eröffnete 1823 umgehend ein Badhaus. Er konnte Vertreter des Kaiserhauses von der Bedeutung dieser Therapie überzeugen. Ein berühmter Gast war Erzherzogin Sophie, die Schwiegertochter des Kaisers, die nach sechs Jahren Ehe und mehreren Fehlgeburten immer noch kinderlos war. Und der Erfolg der Therapie stellte sich prompt ein. Zwischen 1830 und 1833 gebar sie drei „Salzprinzen". Etwas Besseres konnte Ischl nicht passieren! Es war nun als Kurort etabliert und zugleich beliebteste Sommerfrische des Wiener Hofes. Dadurch wurde es auch zum Anziehungspunkt für Prominenz aus Politik und Kunst. Als Beispiele seien Könige wie Edward VII. von England, Literaten wie Adalbert Stifter und zahlreiche Komponisten erwähnt. Hier weilten Anton Bruckner, Gustav Mahler, Johannes Brahms, Johann Strauß und Franz Lehár. Wie kein anderer Gast prägte Kaiser Franz Joseph den Kurort. 82 von seinen 85 Lebenssommern verbrachte er hier in Ischl. Aber auch die wesentlichsten Ereignisse seines Lebens verknüpfen sich mit der Sommerresidenz. Hier lernte er im Alter von 23 Jahren die 16jährige Elisabeth

Dr. Wirer begründete das Ischler Kurwesen.

DAS DANKBARE ISCHL SEINEM
WOHLTÄTER DR. WIRER
MDCCCXXXVIII

kennen, Prinzessin in Bayern aus dem Hause Wittelsbach. Eigentlich sollte er sich mit ihrer Schwester verloben, aber Liebe auf den ersten Blick machte einen Strich durch die Rechnung. Die Verlobung fand schließlich mit seiner bezaubernden „Sisi" statt. So nannte sie der Kaiser. Das zweite „s" erhielt sie erst von Romanautoren und Filmregisseuren des 20. Jahrhunderts. In ihrer Rolle wurde die junge Romy Schneider weltberühmt! Nach Ischl

zog sich neben anderen bekannten Schauspielern und Schauspielerinnen auch Katharina Schratt zurück, die zur langjährigen Vertrauten des Kaisers wurde. Diese Funktion lag ganz im Sinn der ruhelosen Kaiserin, die im Lauf ihrer Ehe immer öfter und länger auf Reisen ging. Wie neu entdeckte Dokumente belegen, hat der Kaiser viele Jahre nach Sisis Tod seine langjährige Wegbegleiterin geehe-

Die Kaiser-therme lockt mit einem umfassenden Kur- und Wellness-Angebot.

licht. Bis in unsere Tage ist die Beliebtheit des Kurortes, der sich seit 1906 „Bad Ischl" nennt und 1940 zur Stadt erhoben wurde, ungebrochen. Heute macht auch ein attraktiver Veranstaltungkalender mit Operettenwochen, verschiedenen Festen und Kurkonzerten den Aufenthalt zu einem einmaligen Erlebnis.

Stadtspaziergang: Wir starten bei der Kurdirektion in der Bahnhofstraße. Direkt gegenüber befindet sich die **Kaisertherme** Bad Ischl, Bahnhofstraße 1 (Tel. 06132/233240, Fax 2332444), das wichtigste Kurzentrum des Ortes. Die Salzsole stellt die wesentliche Basis vieler Kuranwendungen dar. Geboten werden Kuranwendungen bei Rheuma, Bronchialleiden, Herz-Kreislaufbeschwerden und Venenschwäche. Hinzu kommen Wellness-, Antistressprogramme und vieles mehr. Wir folgen nun der Bahnhofstraße stadtauswärts und in einem großen Bogen zur Einmündung der Hauptzufahrtsstraße ins Zentrum von Bad Ischl. Wir zweigen links in die Götzstraße ein und treffen hier auf das Geschäftsgebäude der **Salzkammergut touristik**, Götzstraße 12 (Tel. 06132/240 000, Fax 2400044). Im Erdgeschoss wird eine große Auswahl an geschmackvollen Souvenirs heimischer Firmen und Handwerker zum Verkauf angeboten. Am Kartenschalter bekommt man mittels eines Online-Buchungssystems Tickets für Veranstaltungen in ganz Österreich – von Theaterkarten bis Eintrittskarten für Formel-1-Rennen ist hier alles erhältlich. Im

„Guest Corner" werden Gäste beraten und über touristische Möglichkeiten im Salzkammergut informiert. Öffnungszeiten: täglich 9:00 – 21:00, Juli und August 9:00 – 22:00 Uhr.

Wir spazieren die Götzstraße stadteinwärts, biegen aber nach wenigen Schritten rechts ab und folgen den Hinweistafeln in Richtung Kaiserpark bzw. Kaiservilla. Noch bevor wir die Traun überqueren, wird an einem kleinen Kiosk der Eintritt für Park bzw. Villa eingehoben. Der im Stil eines Landschaftsgartens angelegte **Kaiserpark** liegt am Fuße des Jainzenberges (835 m). Darin steht das wichtigste Baudenkmal Bad Ischls, die vormalige Villa Dr. Eltz, heute nur noch **Kaiservilla** genannt. Franz Joseph und Elisabeth erhielten sie als Geschenk anläßlich ihrer Hochzeit im Jahr 1854. 1857 ließ der Kaiser das Biedermeierhaus erwei-

tern und zwei Flügel in klassizistischem Stil anfügen. Mitteltrakt und rechter Flügel sind heute im Rahmen von Führungen zu besichtigen. Den linken Flügel der Kaiservilla, der Elisabethtrakt genannt wird, bewohnt der Urenkel des Kaisers, Erzherzog Markus Salvator von Habsburg-Lothringen mit seiner Familie. Bis 1916 war die Villa jährliche Sommerresidenz, noch heute zeugen rund 50 000 Jagdtrophäen und einige Skulpturen im Park von der Jagdleidenschaft Franz Josephs. Er erlebte hier auch weniger unbeschwerte Tage; am 28. Juni 1914 erhielt er die Nachricht von der Ermordung des Thronfolgerpaares in Sarajewo und diktierte einen Monat später das Kriegsmanifest „An Meine Völker", das zum Auslöser des 1. Weltkriegs wurde. Öffnungszeiten: Ostern, Wochenden im April und von 1. Mai bis Mitte Oktober täglich 9:00 – 11:45 und 13:00 – 16:45 Uhr. Auskünfte: Tel. 06132/23241, Fax 28285. Nach der Führung durch die Kaiservilla lädt der großzügige Landschaftsgarten zu einem Spaziergang ein. Dabei stoßen wir auf das Marmorschlössl, das ehemalige Teehaus der Kaiserin Elisabeth. 1976 wurde das vom Verfall bedrohte Gebäude renoviert, die Photohistorische Sammlung von Professor Hans Frank angekauft und als Schausammlung in die Räume des Schlössls integriert. So entstand 1978 das **Photomuseum des Landes Oberösterreich** (Tel. 06132/24422, Fax 244224), das weltweit als eine der schönsten Ausstellungen ihresgleichen gilt. Öff-

Im Kongreß & Theaterhaus finden die alljährlichen Operetten-wochen statt.

nungszeiten: Ostern, 1. April bis 31. Oktober täglich 9:30 – 17:00 Uhr.

Wieder auf der Götzstraße, gehen wir nach rechts in die Kaiser-Franz-Joseph-Straße und am schönen klassizistischen Bau des Lehár-Filmtheaters vorbei auf den **Kreuzplatz**. Nach Art des Walk of Fame finden wir hier in den Boden eingegossene Sterne mit den Unterschriften und Handabdrücken berühmter Ischl-Besucher wie Marcel Prawy und des ehemaligen Österreichischen Bundespräsidenten Rudolf Kirchschläger. An der nächsten Kreuzung halten wir uns links und erreichen durch die Wirerstraße den **Kurpark**. Rechter Hand erinnert ein Denkmal an den

berühmten Arzt Dr. Franz de Paula Wirer, den Begründer des Ischler Kurbetriebs. Im Park wurde 1999 mit dem **Kongress & TheaterHaus** Bad Ischl das modernste und größte Kongresszentrum des Salzkammergutes eröffnet. Das mit neuester Technik ausgestattete Haus ist für Tagungen, Ausstellungen sowie Operetten-, Musical und Theateraufführungen bestens ausgerüstet. In einem idyllischen Winkel des Parks entdecken wir eine Büste des in Bad Ischl allgegenwärtigen Franz Lehár.

Über den Schröpferplatz erreichen wir das Traunufer und wenden uns für einen Abstecher auf der Esplanade nach rechts. Im ehemaligen Hotel Austria ist heute das **Museum der Stadt Bad Ischl**, Es-

Pilgerstätte für Operettenliebhaber: die Lehárvilla direkt an der Traun.

planade 10 (Tel. 06132/25476 oder 30114, Fax 30112) untergebracht. Hier werden prachtvolle historische, kulturelle und folkloristische Sammlungen gezeigt. In der Eingangshalle wird Bad Ischl als geografischer und historischer Mittelpunkt des Salzkammergutes vorgestellt. Die folgenden Räume widmen sich der Traunschifffahrt und der Salzgewinnung, den beiden ursprünglich wichtigsten Wirtschaftszweigen der Stadt. Das erste Obergeschoss ist ganz dem Thema Ischl als Kurort und kaiserliche Sommerresidenz vorbehalten. Das zweite Obergeschoss beschäftigt sich mit Volkskunde und Geschichte der Region. Im dritten Obergeschoss wird Ischl zur Jahrhundertwende präsentiert. Öffnungszeiten: Dezember bis Oktober Dienstag, Donnerstag, Freitag, Samstag, Sonntag 10:00 – 17:00, Mittwoch 14:00 – 19:00 Uhr. Montag (außer Juli und August) geschlossen.

Nachdem wir zum Schröpferplatz zurückgekehrt sind, überqueren wir die Traun und halten uns gleich nach der Brücke links. Wenige Schritte den Lehárkai flussabwärts erreichen wir die **Lehárvilla** (Tel. 06132/26992, Fax 30112). In der ehemaligen Villa des unsterblichen Meisters der „Silbernen Operette" ist heute ein Museum untergebracht. Da das Haus, das im Rahmen von Führungen zugänglich ist, nach dem Tod des Komponisten praktisch nicht verändert wurde, strahlt es noch immer etwas von jener Atmosphäre aus, in der viele seiner Werke entstanden sind. Seine bedeutendsten Operetten sind „Der Graf von Luxemburg", „Paganini", „Der Zarewitsch", „Das Land des Lächelns", „Giuditta" und natürlich „Die lustige Witwe", mit der dem Meister 1905 der absolute Durchbruch gelang. Noch heute ist sie die meistgespielte Operette der Welt. Öffnungszeiten: 1. Mai bis 30. September täglich 9:00 – 12:00 und 14:00 – 17:00 Uhr.

Ein weiteres kurzes Stück flussabwärts bringt uns ein Fußgängersteg auf die orografisch linke Seite der Traun. Über den Adalbert-Stifter-Kai und eine Nebenstraße wenden wir uns zurück ins Stadtzentrum, das wir am Auböckplatz erreichen. In der klassizistischen alten **Trinkhalle** ist heute ein Möbelgeschäft untergebracht. Links oberhalb des Platzes steht die **Pfarrkirche St. Nikolaus**. Vom ursprünglichen gotischen Bau, der 1396 geweiht wurde, steht nur mehr der Turm. Der Rest der Kirche wurde 1769 abgerissen und anschließend bis 1780 wieder aufgebaut. Das große einschiffige Langhaus wird von einem Ringtonnengewölbe überspannt und wirkt nüchtern und streng. An der Turmsüdseite befindet sich der bereits erwähnte römische Grabstein.

Vorbei am klassizistischen Prachtbau des **Bad Ischler Postamtes** erreichen wir nach wenigen Schritten den Ausgangspunkt unseres Stadtrundganges. Wir können aber auch gleich im Zentrum bleiben und nach der Runde die erholsame Einkehr in einem der klassischen Kaffeehäuser genießen.

▶ Bad Mitterndorf

Höhe: 800 m	*Karte: G/H 5/6*
Einwohnerzahl: 3050	*Wanderung 30*

Lage: Der Markt Bad Mitterndorf ist der zweitgrößte Ort des steirischen Salzkammergutes. Er liegt in dem Hochtal, das vom Ausseer Land in südöstlicher Richtung zum Ennstal hinunterzieht.

Barocke Skulpturen zieren das Innere der Kirche von Bad Mitterndorf.

Anreise: Bad Mitterndorf liegt direkt an der B 145, die über die Pötschenhöhe das Salzkammergut mit dem steirischen Ennstal verbindet. Von → **Bad Aussee** sind es nur wenige Kilometer bis in den Ort. Busverbindungen nach Bad Aussee sowie Bahnhof der Salzkammergutstrecke ins steirische Ennstal.

Geschichte: Das Gemeindegebiet taucht zum ersten Mal im Jahre 1147 unter dem Namen Hinterberg in einer Schenkungsurkunde auf. Die archäologischen Funde vom Gräberfeld im Ortsteil Krungl weisen jedoch wesentlich weiter zurück. Schon bei den Römern und Slawen war die Umgebung von Mitterndorf als Durchzugsland beliebt. An der Wende zum 20. Jh. begann die Entwicklung des Skisports und Fremdenverkehrs. Dank seiner heilkräftigen Quellen erhielt der Ort 1972 die Zusatzbezeichnung „Bad".

Sehenswert: Die **Pfarrkirche Hl. Margaretha** ist ein spätgotischer Bau des 14. und 15. Jh. Ihre Innenaustattung ist besonders kostbar und eindrucksvoll. Das Altarbild „Enthauptung der Hl. Barbara" stammt vom berühmten Maler Kremser Schmidt. In der Annakapelle findet sich ein zwölfeckiger Taufstein aus Rotmarmor.

Das private **Heimatmuseum** der Familie Strick, Haus Nr. 67 (Tel. 03623/2217), zeigt Gegenstände aus dem bäuerlichen Leben, Fossilien, Waffen und vieles mehr. Überregionale Bekanntheit erlangte es vor allem durch die Masken zum Mitterndorfer Nikolospiel, die hier während des Jahres aufbewahrt werden.

▶ DACHSTEINHÖHLEN

Höhe: ca. 1400 m bzw. 600 m	Karte: F 5/6
	Wanderung 22

Lage: Die drei großen Schauhöhlen liegen im verkarsteten Massiv des Dachsteins. Während man Mammut- und Rieseneishöhle weit über dem heutigen Talboden auf halbem Weg zu den höchsten Gipfeln erreicht, befindet sich der Eingang zur Koppenbrüllerhöhle unweit des gegenwärtigen Talniveaus.

Anreise: Mit dem Auto gelangt man zum Talort Obertraun ab → **Bad Ischl** über die B 145 bis → **Bad Goisern** und weiter – vorbei an → **Hallstatt** – über die B 166. Eine attraktive Anreisemöglichkeit vom steirischen Salzkammergut bildet die wildromantische Koppenstraße. Mit dem Schiff ist Obertraun von allen Orten am Hallstätter See aus erreichbar. In alle Umlandgemeinden bestehen Busverbindungen. Außerdem besteht die bequeme Möglichkeit, mit dem Zug zum Bahnhof Obertraun – Dachsteinhöhlen bzw. zur Haltestelle Obertraun – Koppenbrüllerhöhle zu fahren. Am Bahnhof gibt es einen direkten Anschluss mit dem Postbus zur Seilbahnstation. Der Zugang bzw. die Zufahrt zur Talstation der Dachsteinseilbahn ist in Obertraun ausgeschildert. An der Talstation bestehen ausreichend Parkmöglichkeiten. Die Seilbahn verlässt man an der Mittelstation Schönbergalm und geht anschließend jeweils etwa 15 Minuten zu den Höhleneingängen. Die Koppenbrüllerhöhle liegt an der Koppenstraße; vom Parkplatz bzw. von der Haltestelle führt ein romantischer Weg entlang der Koppentraun in kurzer Zeit zum Höhleneingang.

Geschichte: 17. Juli 1910: „Man schritt durch ungeheure Räume voll überwältigender Eismassen, die bald als kühne Riesenfiguren sich erhoben, bald in mächtigen Gletscherwellen die Gänge und Hallen erfüllten. Man stand unter dem Eindrucke, die größte Eishöhle Europas entdeckt zu haben." Dieser Auszug aus einem Kongressbericht der Höhlenforscher, die zum ersten Mal die unterirdische Eiswelt im Dachstein betraten, lässt erahnen, welch eindrucksvolles Erlebnis die damals noch unerschlossenen Höhlen für ihre Entdecker waren. Bereits 1913 war die **Rieseneishöhle** für Besucher zugänglich. 1951 wurde die Seilbahn fertiggestellt. Jährlich besuchen etwa 150 000 Menschen die Eishöhle. Im Zuge dieses ersten großen österreichischen Höhlenkongresses in Obertraun wurde 1910 eine Höhle im Mittagskogel entdeckt, die wegen der gigantischen Ausmaße ihrer Räume den Namen **Mammuthöhle** erhielt. Die **Koppenbrüllerhöhle** hingegen ist wesentlich länger bekannt. Schon in einem Reiseführer aus dem vorigen Jahrhundert wird sie als „berühmte Schauhöhle" bezeichnet. Damals führten Einheimische interessierte Reisende in die noch unerschlossene Höhle. Erst 1909 begannen die Höhlenforscher Georg Lahner und Hermann Bock mit ihrer systematischen Erforschung, und im

Weite und hohe Räume verhalfen der Mammuthöhle zu ihrem Namen.

darauffolgenden Jahr wurden die ersten Stege für die Besucher errichtet.

Sehenswert: Die drei Dachsteinhöhlen sind nur in Gruppenführungen zugänglich. Für den Besuch mit Zu- und Abgang ist jeweils mit 1,5 Stunden zu rechnen. Alle Höhlen sind mit norma-

lem, festem Schuhwerk begehbar. Für die Eis- und Mammuthöhle wird warme Kleidung empfohlen. Die Eintrittskarten für Rieseneis- und Mammuthöhle löst man an der Kasse auf der Schönbergalm. Oft herrscht großer Andrang; die Wartezeit auf die Führungen verbringt man vor dem jeweiligen Höhleneingang, im Restaurant oder im **Höhlenmuseum**, wo in Vitrinen, Exponaten und einer Multivisionsschau die Entstehung und Erforschung der Höhlen erklärt wird. Sie werden an jeder dieser Stellen rechtzeitig aufgerufen.

Faszinierende Eisgebilde sind das Markenzeichen der Rieseneishöhle.

Der Rundgang durch die **Rieseneishöhle** beginnt mit einem kurzen Abstieg in den eisfreien König-Artus-Dom; hier hat das Wasser besonders viel Gestein gelöst und einen gewaltigen Raum mit einer weitgespannten Decke entstehen lassen. Die Nähe des Eisteiles ist deutlich spürbar – die Temperatur beträgt nur mehr +1 °C. Beim Bau des Führungsweges wurden hier zahlreiche Knochen von Höhlenbären gefunden. Nun folgt der einzige steile Anstieg durch den Keyeschluf, der uns in den vereisten Teil der Höhle bringt. Mit seiner Höhe von 9 m ist der Große Eisberg im Parsivaldom besonders eindrucksvoll. In der Gralsburg und der Eiskapelle beleuchtet der Höhlenführer verschiedene eindrucksvolle Eisgebilde, die so lyrische Namen wie Monte Cristallo, Tristan und Isolde oder Burg der Isolde tragen. Nach der erlebnisreichen Runde, in der wir viel über die Entstehung und Entdeckungsgeschichte der Höhle erfahren haben, erreichen wir den 40 m höher gelegenen Ausgang. Führungen von 1. Mai bis 26. Oktober täglich ab 9:00. Letzte Führung um 15:20 bzw. in der Hochsaison um 16:20 Uhr.

Zurück bei der Mittelstation treten wir den Weg zur **Mammuthöhle** an, die wir durch einen künstlichen Eingang erreichen. Die Höhle besticht vor allem durch ihre gewaltigen Ausmaße – wie winzig sind wir Menschen in diesen Räumen! Sie besteht aus einem verzweigten Labyrinth, von dem bislang etwa 50 km erforscht sind. In der Lahnerhalle erklärt Ihnen der Höhlenführer die Entstehung dieses gigantischen Irrgartens. Im Mitternachtsdom eröffnet eine multivisuelle Bildprojektion faszinierende Einblicke in diese Welt ohne Sonne. Sie erleben Höhlenforscher in unterirdischen Schlüfen, Schächten und Klammen, begegnen Höhlentieren und geologischen Kleinformationen von ungeahnter Schönheit. Um die Erfahrungen eines Höhlenforschers reicher, kommen wir wieder an das Tageslicht. Führungen von 20. Mai bis 26. Oktober täglich ab 10:00. Letzte Führung um 14:10 bzw. in der Hochsaison um 15:10 Uhr.

Einen völlig anderen Charakter hat die **Koppenbrüllerhöhle**. Die aktive Wasserhöhle ist die jüngste der Dachsteinhöhlen. Hier lernt man verstehen, welchen unvermuteten Verlauf das Wasser im Dachsteingebirge nimmt. Am Eingang werden an weniger gut ausgerüstete Gäste wasserfeste Jacken ausgegeben. Außerdem wird eine Anzahl von Karbidlampen verteilt – diese Höhle ist nämlich nicht durchgehend elektrisch beleuchtet. Die Gänge der Koppenbrüllerhöhle sind zum Teil wasserführend, zum Teil inaktiv. Die Wege sind so angelegt, dass für die Besucher auch bei Hochwasser keine Gefahr besteht. Höhepunkte der Führung sind der Wasserfall in der Hannakluft und der geheimnisvolle Bocksee, der 1968 erstmals durchtaucht wurde und so einen schwierigen Zugang in weiteres Neuland eröffnete. Führungen von 1. Mai bis 30. September täglich von 9:00 bis 16:00 Uhr. Auskünfte: Dachsteinhöhlen Obertraun, 4831 Obertraun (Tel. und Fax 06131/362), Betriebsleitung der Dachsteinseilbahn, 4831 Obertraun (Tel. 06131/273, Fax 531).

 EBENSEE

Höhe: 426 m	Karte: F 3
Einwohnerzahl: 9000	Wanderung 16

Lage: Ebensee liegt am Südufer des Traunsees, des lacus felix (des glücklichen Sees), wie ihn die Römer, die sich hier im 5. Jahrhundert niederließen, nannten. Die landschaftlich herrliche Umgebung und sein mildes, ausgeglichenes Klima machen den Ort zu einem beliebten Ferienziel.

Anreise: Von → **Bad Ischl** gelangen wir dem Verlauf der alten Soleleitung folgend ostwärts auf der Salzkammergut-Bundesstraße

B 145 nach Ebensee. Die Eisenbahn erreicht Ebensee von Attnang Puchheim aus (an der Westbahnstrecke Salzburg–Wien) auf der Salzkammergutstrecke. Busverbindungen bestehen nach → **Bad Ischl** und → **Gmunden**. Per Schiff gelangt man von allen Ortschaften am Traunseeufer nach Ebensee.

Geschichte: 1447 wurde der Ort erstmals urkundlich erwänt (Ansiedlung auf einer Ebene am See). Der große wirtschaftliche Aufschwung von Ebensee begann am Anfang des 17. Jahrhunderts, als hier die großen Sudhäuser entstanden. Die geniale Technologie, Salz nicht mehr mühsam aus dem Berg zu brechen, sondern mit Wasser herauszuschwemmen, war der erste Schritt, den Bergbau zu vereinfachen. Aber bald wurde in Hallstatt, der Hochburg des Salzgewinns, das Holz knapp, mit dem man die Sudöfen heizte. So wurde Ende des 16. Jahrhunderts eine unglaubliche technische Leistung vollbracht. Hölzerne Rohre leiteten die Sole 40 km von Hallstatt nach Ebensee, wo es genug Wald gab. 1607 erfolgte das erste Salzsieden. Über den Traunsee, die Traun und schließlich die Donau wurde das Salz nach Wien verschifft. Dieser wirtschaftliche Faktor brachte es mit sich, dass bereits 1839 die ersten – von zwei Engländern betriebenen – Dampfschiffe auf dem Traunsee verkehrten. Derzeit gilt die Großsaline im Ortsteil Steinkogel als die modernste Salzverarbeitungsanlage Österreichs; sie beliefert heute auch die chemische Industrie.

Sehenswert: Die **Pfarrkirche St. Josef** wurde 1727–29 erbaut. Nach einer Erweiterung zu Beginn unseres Jahrhunderts blieben von der barocken Kirche nur der Chor und ein Teil der Innenausstattung erhalten. Heute kann man noch den Hochaltar (1744), zwei Seitenaltäre mit bemerkenswertem figuralem Schmuck, die schöne Kanzel und die Kreuzigungsgruppe bewundern.

Wer sich über die historische Entwicklung von Ebensee ein genaues Bild machen möchte, sollte das **Heimathaus** besuchen, das einstmals die Salinenverwaltung beherbergte. In fünf Schauräumen sind unter anderem historische Dokumente, Fotos, Werkzeuge typischer Berufsgruppen und kulturelle Exponate ausgestellt. Öffnungszeiten: 4. Juni bis 28. September Dienstag, Donnerstag und Samstag: 14:00–18:00 Uhr.

Der sehr schön gestaltete **Themenweg Ebensee** führt vom Ortszentrum bis zur KZ-Gedenkstätte und zurück. Er bietet ausführ

lichste Information zu verschiedensten Themen wie Weg des Salzes, Wirtschaft und Arbeit, Kalk und Karst, Wildnis und Bauernland, Forstgeschichte, Weg der Wallfahrer, 4500 Jahre Salzkultur.
Die **KZ-Gedenkstätte Ebensee** dokumentiert den Massenmord
des NS-Regimes und ist gleichzeitig bestrebt, internationaler
Lernort zu sein. Mehr als 8500 Menschen aus
20 Nationen kamen zwischen 1943 und
1945 im Konzentrationslager Ebensee ums
Leben. Die Tatsache individuellen tausendfachen Leidens manifestiert sich in Denkmälern, Massengräbern und Spuren in der
Landschaft. Ein Teil der unterirdischen Rüstungshallen nahe der Gedenkstätte (3 Minuten Gehzeit) wurde für Schauzwecke adap

tiert. Seit 1996 kann man dort eine wissenschaftlich fundierte
Dauerausstellung sehen. Öffnungszeiten des Gedenkstollens:
Mai, Juni nur Samstag und Sonntag, Juli bis September täglich
außer Montag und Dienstag: 10:00 – 12:00 und 14:00 – 18:00
Uhr. Warme Kleidung empfohlen (8 °C Innentemperatur)! Die
Gedenkstätte ist auf der B 145 von → **Bad Ischl** bzw. von →
Gmunden kommend über die Ausfahrt Rindbach zu erreichen
(Beschilderung). Parkmöglichkeiten direkt vor der Gedenkstätte.
Auskünfte: Verein Widerstandsmuseum Ebensee, Kirchengasse 5,
4802 Ebensee (Tel. 06133/5601).

Über dem Ortszentrum von Ebensee wartet das Heimathaus auf seine Besucher.

▶ FAISTENAU

Höhe: 786 m	Karte: B 3
Einwohnerzahl: 1050	Wanderung 1, 2

Lage: Die kleine Ortschaft liegt in der malerischen Hügellandschaft südlich des Fuschlsees. Sie schmiegt sich in das enge Tal
zwischen seinen dicht bewaldeten Hügeln.
Anreise: Von → **Salzburg** gelangt man über die Bundesstraße B
158 nach Hof. Im Ortsgebiet zweigt man in Richtung Süden ab und
erreicht nach etwa 5 km Faistenau. Nach Salzburg bestehen
regelmäßige Busverbindungen.
Geschichte: Die Geschichte Faistenaus ist untrennbar mit dem
Geschick der Salzburger Erzbischöfe verbunden. Sie bestimmten
über den Ort und fast den gesamten Grundbesitz.
Sehenswert: Ein Spaziergang durch das kleine Ortszentrum zeigt,

welch große Bedeutung die Land- und Forstwirtschaft der Region für die Erzbischöfe hatte. Das Land ist durch lange menschliche Bewirtschaftung geprägt. Beim Spaziergang sollte man unbedingt an der 1000-jährigen **Dorflinde** verweilen. An Sommerabenden wird sie malerisch beleuchtet und lädt zum Träumen von vergangenen Zeiten ein.

Das Ortsgebiet von Faistenau mit seiner ursprünglichen Kulturlandschaft eignet sich hervorragend für ausgedehnte Wanderungen. Ein Highlight, das man auf keinen Fall versäumen sollte, ist die **Strubklamm**, die der Almbach in Jahrtausende langer Arbeit ausgewaschen hat.

▶ GMUNDEN

Höhe: 425 m	Karte: F/G 1/2
Einwohnerzahl: 13 000	Wanderung 12, 13

Lage: Die lebhafte Stadt mit südlichem Flair liegt an der Nordspitze des Traunsees, dort wo die Traun den See wieder verlässt und in nordöstlicher Richtung der Donau entgegenfließt. Seit jeher hatte Gmunden damit eine strategisch wichtige Position an der Transportstrecke des Salzes.

Anreise: Gmunden liegt direkt an der Salzkammergut-Bundesstraße B 145, die es mit dem Inneren Salzkammergut und → **Bad Ischl** verbindet. Auch von der Westautobahn A 1 ist Gmunden nur wenige Kilometer entfernt; man wählt die Ausfahrt Regau. Auch ins schöne Almtal ist es auf der B 120 nicht weit. Darüber hinaus liegt Gmunden an der Salzkammergut-Bahnlinie.

Geschichte: Urkundlich erstmals um 1280 erwähnt, ist der städtische Charakter der Gemeinde Gmunden bereits seit dem Ende des 13. Jh. nachgewiesen. Bestimmend für die städtebauliche Entwicklung war die Lage am See und an den Traunufern. Gmunden war seit dem 12. Jh. Mautstelle für Salztransporte auf der Traun. Bis in die erste Hälfte des 19. Jh. blieb es landesfürstliche Handelsstadt mit Sitz des Salzamtes. Schon 1862 wurde der Ort zur Kurstadt erhoben und ist seitdem ein wichtiger touristischer Magnet der Region. 1881 urteilte der damalige Prince of Wales wie folgt über die Stadt: „Ich habe auf meinen weiten Reisen eine Menge schöner und reizender Gegenden gesehen. Aber nicht viel schönere Plätze wie Gmunden am Traunsee ..."

Sehenswert: Der alte **Stadtkern** mit seinem romantischen, direkt

am See gelegene **Rathausplatz** ist nahezu unverändert erhalten geblieben. Als stattlichster
Bau des architektonisch gelungenen Gesamten-
sembles beherrscht das **Rathaus** aus dem 18. Jh.
die ganze Westseite des Platzes. Im ersten Stock
befindet sich das sehr reizvolle **Stadttheater**. Es
zählt zu den ältesten Schauspielhäusern Österreichs und bietet ca. 160 Besuchern Platz. In der
obersten der drei Doppelarkaden befindet sich
ein Glockenspiel aus dem 18. Jh., dessen
Glocken aus Gmundner Keramik bestehen. Ein
Aushang am Rathaus gibt bekannt, welche Melo-
die zu welchen Uhrzeiten am jeweiligen Tag gespielt wird.

Neben weiten Plätzen prägen enge Gässchen den Stadtkern von Gmunden.

Daneben steht das alte Schiffmeisterhaus, das heute ein Café beherbergt. Die Einrichtung stammt aus der Biedermeierzeit.
Unter einer Arkade in der Kammerhofgasse befindet sich der Eingang in das sehenswerte **Stadtmuseum**. Schwerpunkte der 1970
eingerichteten Sammlung liegt neben Fayencen in der Skulptur
des 16. – 18. Jh. Ein Brahms- und ein Hebbel-Zimmer mit ori-
ginalgetreuer Ausstattung erinnern an die Aufenthalte der beiden
Künstler in Gmunden. Öffnungszeiten: Anfang April bis 26. Oktober, Dienstag bis Samstag: 10:00 – 12:00 und 14:00 – 17:00,
Sonn- und Feiertage 10:00 – 12:00 Uhr. Informationen unter Tel.
07612/794244.
Einen Besuch wert ist auch die **Stadtpfarrkirche**, die der Jungfrau
Maria und der Erscheinung des Herrn (Epiphanias) geweiht ist.
Der ursprünglich spätgotische Bau wurde im 18. Jh. umfassend
barokisiert. Kostbarstes Inventar des Gotteshauses ist der Hochaltar aus dem Jahre 1678. Thomas Schwanthaler stand mit den
riesigen Schnitzfiguren am Höhepunkt seines Schaffens.

▶ HALLSTATT

Höhe: 508 m	*Karte: E 5/6*
Einwohnerzahl: 1130	*Wanderung 19, 20, 21*

Lage: Noch bis Ende des vorigen Jahrhunderts konnte man sich
dem malerischen Ort am Westufer des Hallstätter Sees nur per
Schiff oder auf einem schmalen Saumpfad nähern. Viele Häuser
drängen sich am engen Uferstreifen dicht aneinander, sind sogar
zum Teil auf Pfählen ins Wasser gebaut; andere wiederum kleben

wie Schwalbennester an den steilen Bergabhängen. Die UNES-
CO erklärte diese romantische uralte Siedlung im Jahr 1996 zum
Weltkulturerbe.

Anreise: Mit dem Auto erreicht man Hallstatt ab → **Bad Ischl**
über die B 145 bis Bad Goisern und weiter über die B 166. Eine
attraktive Anreisemöglichkeit vom steirischen Salzkammergut
bildet die wildromantische Koppenstraße, die über Obertraun

nach Hallstatt führt. Mehr als andere Orte
kämpft Hallstatt mit Parkplatzproblemen.
Der Ortskern selbst ist Fußgängerzone. Da
die Parkplätze in der Hauptsaison häufig
überlastet sind, empfiehlt sich die Anfahrt
mit dem Schiff, die man von Untersee oder
Obersee am Nordufer bzw. von Obertraun
aus unternehmen kann. Außerdem besteht
die Möglichkeit, mit dem Zug bis Hallstatt
Bahnhof am Ostufer zu fahren und mit der Fähre überzusetzen.
In alle Umlandgemeinden bestehen Busverbindungen.

Eng schmie-
gen sich die
alten Häuser
zwischen
Hallstätter
See und
Felswand.

Geschichte: Es ist noch nicht lange her, dass die am See liegen-
den Häuser nur per Boot miteinander verbunden waren, höher-
liegende erreichte man über den Oberen Weg, einen schmalen
Gang über Dachböden. Und dennoch gehört diese siedlungs-
feindliche wilde Berglandschaft zu den frühesten Wohngebieten
Europas! Die ältesten Funde stammen aus der Zeit um 2500 v.
Chr. Allerdings sind es nicht diese, die Hallstatt in der ganzen
Welt bekannt machten. Überwältigende Funde aus etwa 3000
Gräbern der Eisenzeit veranlassten die Wissenschafter, die Epo-
che von ungefähr 800 bis 400 v. Chr. „Hallstatt-Zeit" zu nennen.
Warum dieser scheinbar so weltferne Ort bereits damals so be-
deutend war, sagt uns schon sein Name: „Hal" bedeutet in vielen
Sprachen „Salz".

Sehenswert: Neben prähistorischer Kultur begegnen Sie in Hallstatt gotischen und barocken Schätzen, aber auch einer lebendigen Gegenwartskultur. Beginnen wir unseren Spaziergang mit
dem idyllischen **Kleinen Marktplatz**. Der dreieckige Platz ist um-
rahmt von stilvollen alten Häusern, deren Balkone im Sommer
vor Blütenpracht schier überquellen; in der Mitte erblicken wir
eine Dreifaltigkeitssäule (1744) mit den schönen Bildwerken eines Salzburger Meisters. Die neugotische evangelische **Christus-**

kirche am See mit ihrem markanten Glockenturm wurde im 19. Jahrhundert errichtet.

Auf einem Felsabsatz über dem Ort erhebt sich kühn die katholische Pfarrkirche **Maria Himmelfahrt**. Der mächtige spätromanische Turm ist der einzige erhaltene Teil einer Vorgängerkirche, die im Jahr 1320 geweiht wurde. Die heutige spätgotische Kirche von 1505 musste direkt in den Berg gestemmt werden. Über dem Stabportal an der Südseite des Turms kann man zwei gut erhaltene Fresken mit Kreuztragung und Kreuzigung Christi (1490, 1507) bestaunen. Im Turmraum selbst fällt der Blick auf eine überlebensgroße Kreuzigungsgruppe mit Maria und Johannes von 1500, einstmals Teil eines Kreuzaltars. Aus dem Vorraum tritt man in eine zweischiffige Hallenkirche und ist überrascht über ihre Großzügigkeit, die sich aus den Wünschen von Knappen und Bürgern nach eigenen Sanktuarien ergab. Die Knappen gaben den Marienaltar auf der rechten Seite in Auftrag. Mit ihm schuf Lienhard Astl zwischen 1515 und 1520 ein Spitzenwerk spätgotischer Schnitzkunst. Wie in → **St. Wolfgang** handelt es sich um einen Doppelflügelaltar, so dass drei verschiedene Ansichten möglich sind; an Werktagen blieben die Flügel geschlossen. Die wunderschönen Schnitzfiguren stellen vor allem Szenen aus dem Marienleben dar. Ein Kleinod spätgotischer Tafelmalerei ist die an die Pfarrkirche nördlich angebaute Beichtkapelle. Der kleine Flügelaltar mit seiner mittelalterlich unperspektivischen Sichtweise zeigt in der Mitteltafel die Kreuzigung, auf den beiden Flügeln sind oben vier Bischöfe, unten die hl. Anna Selbdritt und der hl. Christophorus dargestellt.

Hallstatt ist ein Ort für Genießer – viele beschauliche Winkel gilt es hier zu entdecken.

Eine weitere Besonderheit Hallstatts ist der **Karner** (Beinhaus) auf dem Friedhof. Wie für die Lebenden fehlt auch der Platz für die Toten; alle zehn Jahre müssen die Gräber des Friedhofs geräumt werden. So entstand in Hallstatt ein für Außenstehende eigenartiger Totenkult, der auf die Bestattungsgebräuche der christianisierten Germanen zurückgeht. Die ausgegrabenen Schädel und Knochen liegen zum Bleichen in der Sonne. Dann werden die Schädel mit Namen und Lebensdaten der Toten beschriftet und mit Blumen, Blättern und einem Kreuz verziert. Anschließend finden die Knochen im Seelenkammerl, in der Krypta

der um 1300 erbauten Michaelskapelle, säuberlich aufgeschlichtet ihre letzte Ruhestätte. Die Einrichtung des Beinhauses stammt aus der Zeit um 1600. Öffnungszeiten: Mai und Oktober täglich 10:00 – 16:00, Juni bis September: 10:00 – 18:00 Uhr.

Zurück im Ort empfiehlt sich der Besuch des **Prähistorischen Museums**, Seestraße 56 (Tel. 06134/8280), das eine umfangreiche Sammlung an Fundstücken aus der Hallstattzeit beherbergt. Öffnungszeiten: April und Oktober täglich 10:00 – 16:00, Mai bis September: 10:00 – 18:00, im Winter jeden Mittwoch 14:00 – 16:00 Uhr. Das **Heimatmuseum** im ältesten profanen Bauwerk (14. Jh.) zeigt unter anderem verschiedene Exponate zum geologischen Aufbau des Dachstein-Plassen-Gebiets, zur Tierwelt am See, aus religiöser und profaner Volkskunst. Öffnungszeiten: April und Oktober täglich 10:00 – 16:00, Mai bis September: 10:00 – 18:00 Uhr. Eine Kuriosität ist das Privatmuseum im **Sport 2000 Dachsteinsport Janu**, Seestraße 50 (Tel. 06134/82980). Beim Bau eines neuen Heizungskellers stieß der Besitzer des Sportgeschäfts auf die Überreste einer alten Amtsschmiede (um 1500). Heute gelangt man durch das Geschäft in die Räume des mittlerweile auf 300 qm² ausgedehnten Privatmuseums des engagierten Hobbyarchäologen, wo man während der Geschäftszeit Funde vom Mittelalter bis zurück in die Jungsteinzeit bewundern kann.

Zwischen dem Zentrum von Hallstatt und der Talstation der Salzbergbahn verläuft der **Themenweg Hallstatt**. Hier werden die Geschichte und einige Besonderheiten des Ortes erklärt.

▶ MONDSEE

Höhe: 481 m	Karte: C 2
Einwohnerzahl: 2100	Wanderung 3, 4

Lage: Die malerische Marktgemeinde liegt am nordwestlichen Rand des Salzkammergutes, direkt an den Ufern des gleichnamigen Gewässers. Der 11 km lange Mondsee verhilft dem Ort auch zu seinem milden Klima; er gilt als einer der wärmsten Seen der Region. Die Gemeinde ist beliebter Stützpunkt für Wassersportler.

Anreise: Die Marktgemeinde Mondsee liegt direkt an der Westautobahn A1 und verfügt über eine eigene Ausfahrt. Gute Straßenverbindungen bestehen zu allen umliegenden Orten. Regelmäßiger Busverkehr verbindet den Ort mit → **Salzburg** und allen größeren Umlandgemeinden.

Geschichte: Das Gebiet der heutigen Marktgemeinde war nachweislich schon in der jüngeren Steinzeit besiedelt. Pfahlbauten legen ein beredtes Zeugnis von den Aktivitäten der frühen Siedler ab. Im Jahre 748 erfolgte hier eine der ersten Klostergründungen der Region durch den Bayernherzog Odilo II. Schon 788 wurde Mondsee Reichsabtei, konnte dieses Vorrecht jedoch nicht lange für sich beanspruchen. Erst im 12. Jh. wurde das Kloster wieder freie Abtei und fortan ein Zentrum von Kunst und Wissenschaft. Die Mondseer Schreibschule genoss überregional großes Ansehen. 1506

kam Mondsee an das aufstrebende Österreich. Doch König Maximilian verkaufte es sogleich an den Erzbischof von Salzburg, von dem es Kaiser Maximilian II. 1565 wieder für Österreich erwarb. Nach dem Niedergang in der Reformationszeit blühte das Stift und mit ihm der Ort im Barock neuerlich auf. 1748 wurde mit großem Pomp das 1000-jährige Bestehen gefeiert. 1774 wurde das Kloster von einem verheerenden Brand heimgesucht und im Jahre 1791 wegen der jeden Rahmen sprengenden Wiederaufbaukosten aufgelöst. Erst im 19. Jh. gelang es, die Kirche völlig wiederherzustellen. Mit den ersten Sommergästen zog zu dieser Zeit erneut ein bescheidener Reichtum ein.

Die alte Klosterkirche wacht alles beherrschend über das Zentrum von Mondsee.

Sehenswert: Die **Pfarrkirche St. Michael**, vormals das Gotteshaus des Stiftes, ist ein spätgotischer dreischiffiger Bau aus dem 15. Jahrhundert. Mit seinen gewaltigen Abmessungen – 70 m Länge, 33 m Breite und 29 m Höhe – ist das Hauptschiff der größte Kirchenraum des Salzkammergutes. Von der ursprünglichen Innenausstattung ist nur ein Sakristeiportal an der Nordseite des Chors übriggeblieben. Die wichtigsten Werke des barocken Inventars sind die fünf Altäre von Meinrad Guggenbichler. Bemerkenswert sind vor allem die verschiedenartigsten Kinderdarstellungen in Form von Engeln. Direkt neben der Kirche in den Gebäuden des ehemaligen Klosters Mondsee ist das **Heimat- und Pfahlbaumuseum** (06232/2270) untergebracht. Schwerpunkte des Heimatmuseums sind die Geschichte des Klosters, Archäologie und Baugeschichte, sakrale Kunst, insbesondere Buchmalerei, und die Volkskultur des Mondseelandes. Es finden laufend

Sonderausstellungen statt. Das Pfahlbaumuseum zeigt eine umfassende Sammlung aus der jungsteinzeitlichen Pfahlbaukultur, die nach den zahlreichen Funden aus der Region auch als „Mondseekultur" bezeichnet wird. Öffnungszeiten: 1. Mai bis Mitte September Dienstag bis Sonntag 10:00 – 18:00, Mitte September bis Mitte Oktober 10:00 – 17:00, bis Ende Oktober an Wochenenden und Feiertagen 10:00 – 17:00 Uhr.

Nach den Besichtigungen sollten wir das Flair des Ortes auf uns wirken lassen und einen **Bummel** vom Marktplatz hinunter zu den Ufern des Mondsees unternehmen. Besonders beeindruckend ist das fast vollständig erhaltene Ensemble alter Bürgerhäuser um den Platz und das südlich anmutende Flair an der Seepromenade.

▶ **OFFENSEE**

Höhe: 650 m   *Karte: G 3*

Lage: Der Offensee liegt in einer herrlichen Bergkulisse am Nordfuß des → **Toten Gebirges** und ist als Naturschutzgebiet ausgewiesen. Er ist 900 m lang, ebenso breit und 28 m tief.

Anreise: Zum Offensee führt nur eine einzige Zufahrt. Sie zweigt kreuzungsfrei im Ortsgebiet von Plankau von der B 145 (als Abfahrt Offensee bezeichnet) nach Osten ab. Die 9 km lange Asphaltstraße ist schmal, bei entgegenkommenden Reisebussen muss man in engen Passagen an Ausweichstellen kurz anhalten. Parkplätze sind vor Ort ausreichend vorhanden.

Der romantischen Stimmung am Offensee kann sich niemand entziehen.

Geschichte: Überwältigt von dem unvergleichlichen Bergpanorama und der traumhaft schönen Landschaft und nicht zuletzt wegen seines Wildreichtums erkor Kaiser Franz Joseph dieses Gebiet zu seinem beliebtesten Jagdrevier. Davon zeugt immer noch sein ehemaliges Jagdhaus, heute ein Restaurant.

Sehenswert: Mit seinem kristallklaren Wasser und den schönen, kostenlosen **Naturbadestränden** stellt der Offensee ein empfehlenswertes Ausflugsziel dar. Durch seine flach abfallenden Uferzonen ist er besonders für Kinder und Nichtschwimmer geeignet. Aber Achtung, es herrscht absolutes Tauchver-

bot! Auch Naturliebhaber kommen nicht zu kurz; neben der eindrucksvollen **Bergkulisse** laden eine interessante **Tier- und Pflanzenwelt** zur näheren Betrachtung ein. Ein gut angelegter Wanderweg führt rund um den See.

 ## POSTALM

Höhe: um 1400 m

Lage: Die ausgedehnte Hochfläche der Postalm erhebt sich nur
wenige Kilometer südlich des Wolfgangsees. Die Wiesen sind
von einigen Aussichtsbergen umgeben, die leicht bestiegen werden können.

Anreise: Wichtigste Zufahrt für
jeden Salzkammergutgast ist die
Mautstraße, die in Strobl am
Wolfgangsee direkt von der
Bundesstraße abzweigt. Nach
16 km ist das Zentrum der Alm-
flächen erreicht. Hier bestehen
ausreichende Parkmöglichkeiten. Achtung: Die Almbewirt-
schafter haften nicht für durch
Weidevieh entstandene Schä-

den am Fahrzeug. Im Sommer verkehren Busse auf dieser Strecke.

Die Kapelle auf der Postalm wird wegen ihrer reizvollen Lage gerühmt.

Sehenswert: Die Postalm gilt nach der Seiser Alm in Südtirol als
zweitgrößte Almhochfläche Europas. Im Frühsommer bestechen
die Weiden und Wiesen durch einen unvergleichlichen **Blüten-
reichtum**. Hier findet sich ein herrliches Tourengebiet für jeden
Wanderer, bieten sich doch Touren jeglichen Charakters für alle
Anforderungen an. Besonders interessant ist es, einen der umrah-
menden Aussichtsberge zu ersteigen und die umfassende Rundschau zu genießen. Ein vielbesuchter Gipfel ist etwa das **Wiesler
Horn** (1603 m) am Nordrand des Gebietes. Auch die längere Tour
auf den **Pitschenberg** (1720 m) können wir empfehlen, vor allem
im Herbst, wenn sich die prachtvollen Lärchenwälder des Berges
in leuchtendes Gelb verfärben. Auch der weniger ambitionierte
Wanderer findet auf der Postalm viele eindrucksvolle Szenarien,
so etwa im Bereich der **Jausenstation Postalmhütte** mit der sehr
reizvoll gelegenen **Postalm-Kapelle**.

▶ SALZBERGWERKE

Höhe: ca. 1100 m (Hallstatt),   *Karte: E 4, E 5, F 4*
930 m (Altausee), 600 m (Bad Ischl)

Anreise: Hallstatt: Wir parken in Hallstatt, und ein Bustransfer bringt uns zur Talstation der Salzbergbahn. Die Parkgebühr wird beim Kauf der Karte in der Talstation zurückerstattet. Nach Auffahrt mit der Standseilbahn befinden Sie sich im Hallstätter Hochtal. Bergfahrten: 1. Mai bis 26. September: 9:00 – 16:30, ab 27. September erst um 9:30 Uhr. Wer die Strecke lieber zu Fuß geht, erreicht das Hochtal in einer 45-minütigen Wanderung.

Geschichte: Hallstatt: Das **Salzberghochtal**, ein Ort von außerordentlicher historisch-wirtschaftlicher Bedeutung. Menschen der Jungsteinzeit waren vor etwa 4500 Jahren hier schon damit beschäftigt, das „weiße Gold" – das Salz – zu gewinnen. Im weltbekannten **Gräberfeld** bestatteten die Hallstattmenschen zwischen 800 und 400 v. Chr. ihre Toten. Dabei handelt es sich ungefähr zur Hälfte um Körpergräber und zur anderen Hälfte um Brandgräber. Im Erdreich wurden Bronzegegenstände, Ringe, Reifen, Schmuck und Skelettreste gefunden. 1846 wurde dieser prähistorische Friedhof entdeckt. Über 1300 Gräber wurden in der Folgezeit freigelegt. Am 19. September 1854 wurden einige reich ausgestattete Gräber in Anwesenheit von Kaiser Franz Joseph I. und seiner Gattin freigelegt. Eine Rinderstatue wurde ihm zum Geschenk gemacht. Viele prunkvolle Funde wurden hochrangigen Persönlichkeiten geschenkt und verschwanden so aus Hallstatt. Der Großteil der Fundstücke ist heute im Naturhistorischen Museum in Wien und im Prähistorischen Museum in Hallstatt zu bewundern.

Sehenswert: Hallstatt: Wenn wir das Bergstationsgebäude der Standseilbahn (810 m) verlassen, öffnet sich vor uns das **Salzberghochtal** mit seinem berühmten Hallstätter **Gräberfeld**. Etwas oberhalb von hier erreichen wir in 10 Gehminuten das Knappenhaus und die Einfahrt (900 m) in das **Schaubergwerk Hallstatt,** das „älteste Salzbergwerk der Welt". Mit bunter Schutzkleidung ausgerüstet fährt der Besucher mit der Grubenbahn in den Christina-Stollen ein. In einem ehemaligen Laugwerk wird mittels einer modernen Filmvorführung die Geschichte des Salzabbaus anschaulich erklärt. Über Holzrutschen – ein aufregendes Rutschvergnügen – sausen wir anschließend zum faszinierenden unterirdischen Salzsee hinab. Nach etwa 1,5 Stunden geht es mit dem Grubenhunt wieder zurück an das Tageslicht des Hallstätter Salzberges. Öffnungszeiten: 18. April bis 26. Oktober täglich 9:30 – 15:00, in der Hauptsaison bis 16:30 Uhr. Auskünfte: Informationsbüro Salzbergwerk, Salzbergstraße 21, 4830 Hallstatt (Tel. 06134/825172).

Nun gilt es, das **Schaubergwerk Bad Ischl**, das Bergwerk des Salzbarons, zu erkunden. Begleitet vom faszinierenden Wechselspiel aus Licht und Schatten bringt uns die Bergwerksbahn tief in das Herz des Berges. Von hier gleiten wir wiederum wie einst die Bergknappen über Holzrutschen zum geheimnisvollen Salzsee. Öffnungszeiten: 29. April bis Ende September täglich 9:00 bis 15:45, im Sommer bis 16:45 Uhr. Auskünfte: Tel. 06134/84000.

Der Weg führt uns weiter zum **Schaubergwerk Altaussee,** „Kultur im Berg". In den riesigen unterirdischen Schatzkammern des Salzbergwerkes wurde ein großer Teil des europäischen Kulturerbes vor den Wirren des 2. Weltkriegs geschützt. Am unterirdischen Salzsee kann man die schönste Bühne Österreichs bestaunen. Eine weitere Station auf der Erlebnisreise durch eines der schönsten und geschichtsträchtigsten Salzbergwerke der Welt ist die geheimnisvolle Barbara-Kapelle. Öffnungszeiten: Anfang Mai bis 30. September täglich 10:00 – 16:00, im Oktober um 10:00, 12:00 und 14:00 Uhr. Auskünfte: Tel. 06134/84000. November bis März. jeden Donnerstag Führungen um 14:30.

Kinder unter 4 Jahren können die Bergwerke aus Sicherheitsgründen leider nicht besuchen.

▶ SALZBURG (MIT STADTSPAZIERGANG)

Höhe: 425 m	*Karte: A 3*
Einwohnerzahl: 143 970	

Lage: Die Lage von Salzburg wurde viel besungen und euphorisch gepriesen. Die Stadt schmiegt sich romantisch an die beiden Hügelketten des Kapuziner- und Mönchsberges. Die Altstadt, das ursprüngliche Stadtzentrum, liegt am linken Ufer der Salzach.

Anreise: Salzburg ist seit jeher ein wichtiger Verkehrsknotenpunkt. Mit dem Auto kommt man hierher zumeist über die Autobahn München–Salzburg bzw. die österreichische Westautobahn A 1; man hat die Wahl zwischen mehreren Ausfahrten, die jeweils zu Sehenswürdigkeiten in der Umgebung bzw. ins Zentrum leiten. In der Stadtmitte herrscht rigorose Parkraumbewirtschaftung. Das Altstadtzentrum ist Fußgängerzone und für den motorisierten Individualverkehr gesperrt. Auch mit dem Zug ist die Stadt schnell zu erreichen, liegt sie doch an der Westbahnstrecke, der bedeutendsten Bahnachse Österreichs. Alle internationalen, nationalen und regionalen Züge halten hier. Etwa 5 km vom

Stadtzentrum entfernt befindet sich der Flughafen der Stadt, der von Frankfurt und Zürich regelmäßig bedient wird. In alle Gemeinden des Umlandes bestehen regelmäßige Busverbindungen mit verschiedensten Linien, so auch ins Innere Salzkammergut bis → **Bad Ischl**.

Über der Stadt erhebt sich bis heute die mächtige Festung Hohensalzburg – ein Sinnbild weltlicher Macht.

Geschichte: Die ersten Nachweise einer Besiedlung des heutigen Salzburger Stadtgebiets weisen bis in die Altsteinzeit zurück. So wurden etwa Brandschichten und Steinwerkzeuge gefunden, die mehr als 40 000 Jahre alt sind. Durch die Salzgewinnung in der Hallstattzeit von 1000 bis 450 v. Chr. erlebte die Region einen ersten wirtschaftlichen Höhepunkt. Um die Zeitenwende war die Stadt Teil der römischen Provinz Noricum. Unter Kaiser Claudius (41 – 54 n. Chr.) erhielt die damals Juvavum genannte Siedlung ihre erste Municipalverfassung.

Im 5. Jh. zogen sich die Römer vor den langsam ins Land eindringenden Ostgoten zurück. Zu dieser Zeit bestanden in Salzburg bereits erste städtische Strukturen, die vor allem mit der beginnenden Christianisierung in Zusammenhang stehen. So wird in der Vita des hl. Severin (um 470) eine Kirche in Salzburg erwähnt. Um das Jahr 696 begann eine entscheidende Phase für die weitere Stadtentwicklung. Der hl. Rupert kam hierher und gründete ein Nonnenkloster. Auch erneuerte und reformierte er das schon bestehende Peterskloster. Der zum christlichen Glauben bekehrte Bayernherzog Theodo schenkte Rupert das Gebiet der heutigen Stadt und eine Festung auf dem Nonnberg, die so genannte Salzpurch. Rupert machte die Burg zu seinem Bischofssitz und legte damit den Grundstein der erzbischöflichen Herrschaft über die Stadt, die bis in die napoleonische Zeit des frühen 19. Jh. andauern sollte.

Während der langen Zeit der geistlichen Herrschaft erhielt die Stadt in groben Zügen ihr heutiges Gesicht. Besonders die Zeit nach 1511 ist dabei beachtenswert. In diesem schicksalhaften Jahr wurden der gesamte Stadtrat und der Bürgermeister gefangen gesetzt. Die Bürger verzichteten eingeschüchtert auf die Rechte des Großen Ratsbriefes und ermöglichten damit das absolutistische Fürstentum der folgenden Erzbischöfe. Unter diesen war Wolf Dietrich von Raitenau (1587 – 1612) der genialste und eigenwilligste Herrscher der Stadt. In seine Regierungszeit fiel die Neugestaltung des Dombezirks mit ihren mächtigen geistlichen und profanen Bauten. In die Skandalgeschichte der Stadt eingegangen ist das Verhältnis des Erzbischofs zur Bürgerstochter Salome Alt, mit der er zahlreiche Kinder hatte. 1612 trieb er es allerdings in jeder Beziehung zu bunt und wurde auf der Festung Hohensalzburg bis zu seinem Tod im Jahre 1617 inhaftiert. Seine Nachfolger, Markus Sittikus und Paris Lodron, setzten den Stadtausbau in seinem Sinne fort. Lodron erwarb sich besondere Verdienste um die Kommune, da er es auf diplomatischem Wege schaffte, die Wirren des Dreißigjährigen Krieges von der Stadt fernzuhalten. Von den späteren Erzbischöfen zeugen vor allem Baudenkmäler und Kirchenausstattungen verschiedenster Art.

1800 ging die glanzvolle und nicht unumstrittene Herrschaft der Erzbischöfe zu Ende. Der letzte weltlich herrschende, Colloredo, floh vor den napoleonischen Truppen. 1803 wurde das Fürstentum säkularisiert. Großherzog Ferdinand III. von Toskana wurde zum ersten Kurfürsten von Salzburg. 1816 wurde Salzburg endgültig österreichisch und sank zu einer unbedeutenden Provinzstadt herab. Erst in den 60er Jahren des 19. Jh. begann ein neuer Aufschwung mit reger Bautätigkeit. Schon damals spielte der neu erwachende Tourismus eine wesentliche Rolle. Ein kulturell besonders bedeutsames Ereignis war die Gründung der Festspielgemeinde im Jahre 1917. 1920 erschallte zum ersten Mal der Ruf „Jedermaaaann" über den Domplatz. Nach einer von Abhängigkeit und Greueln gekennzeichneten Unterbrechung während der Naziherrschaft setzte sich die Entwicklung Salzburgs zur Kulturhochburg nach dem 2. Weltkrieg fort, und so entstand die Festspiel- und Touristenstadt, wie wir sie heute kennen und lieben.

Stadtspaziergang: Beginnen wir unseren Stadtspaziergang am **Sigmundsplatz** zu Füßen des Mönchsberges. Das **Neutor**, auch

Sigmundstor genannt, ist das Nordostportal eines bereits im Barock durch den Mönchsberg getriebenen Tunnels. Diese technische Meisterleistung ist bis heute die einzige Zufahrtmöglichkeit von dieser Seite in die Innenstadt. Der Stollen steigt stadtauswärts leicht an und erhält so durch die Lichtbrechung eine natürliche Beleuchtung. Vom Platz aus bringt uns die Hofstallgasse nach wenigen Schritten zum **Großen** und **Kleinen Festspielhaus**. In den zwanziger Jahren wurde die ehemalige Winterreitschule zum Kleinen Haus umgebaut. Sein heutiges Gesicht erhielt es 1926

nach einer Konzeption des damals noch sehr jungen Architekten Clemens Holzmeister. Traurige Berühmtheit erlangte das Kleine Haus während der Zeit des Nationalsozialismus, als die Fresken von Anton Faistauer als „entartete" Kunst von den Wänden des Foyers abgenommen wurden. 1956–60 entstand, ebenfalls nach den Plänen von Holzmeister, das Große Festspielhaus.

Über den Max-Reinhardt-Platz mit dem Fischbrunnen kommen wir zur Franziskanergasse. Dort werfen wir einen Blick in die Franziskanerkirche **Zu unserer lieben Frau**. Laut Überlieferung stand an dieser Stelle schon im 8. Jahrhundert ein kleines, der Muttergottes geweihtes

Über dem Toscanini-Hof schmiegt sich das Festspielhaus an die Steilabbrüche des Mönchsberges.

Kirchlein, das 1167 den von Kaiser Friedrich I. Barbarossa veranlassten Brandschatzungen zum Opfer fiel. Anfang des 13. Jahrhunderts wurde das Gotteshaus neu aufgebaut und 1223 geweiht. Letzte Reste aus dieser Zeit sind das romanische Südportal und der schöne steinerne Löwe am Kanzelfuß. Das Prunkstück der Ausstattung ist der 1708 von Johann Bernhard Fischer von Erlach entworfene Hochaltar. Der hochbarocke, von Doppelsäulen flankierte Altar harmonisiert wunderbar mit den himmelwärts strebenden spätgotischen Formen des Chores.

Durch die Franziskanergasse steuern wir dem geistlichen Herzen der Altstadt entgegen. Unvermittelt stehen wir auf dem gewaltigen **Domplatz**, einem Muster an architektonischer Geschlossenheit und Schönheit. Im Sommer wird dieser zur effektvollen Bühne des „Jedermann", des auf mittelalterliche Mysterienspiele zurückgehenden Meisterwerks von Hugo von Hofmannsthal. An der Frontseite erhebt sich der monumentale **Dom**. Die heutige Kirche hat ihre Wurzeln im Mittelalter. Die alte Kreuzbasilika überstand acht Brände. Nach jenem vom 11. Dezember 1598

Tipp
Am südlichen Stadtrand von Salzburg, mit privaten und öffentlichen Verkehrsmitteln leicht erreichbar, liegt **Schloss Hellbrunn** (0662/820372) mitten in einem malerischen Park.

nutzte jedoch der damalige Erzbischof Wolf Dietrich von Raitenau seine Chance. Er ließ die damals größte Kirche nördlich der Alpen abreißen und fast die gesamte mittelalterliche Ausstattung entfernen oder gar zerstören. Danach entstand in mehreren Bauphasen die erste frühbarocke Kirchenanlage im deutschsprachigen Raum. Der älteste erhaltene Plan stammt vom Palladio-Schüler Vincenzo Scamozzi. Aus dem Halbdunkel der Vorhalle tritt man hinaus in den hellen Innenraum. Wesentlichstes Stilelement ist der reiche Stuck, der alle Wand- und Deckengemälde einfasst. Eines der wenigen an Ort und Stelle verbliebenen Ausstattungsstücke des alten Domes ist das bronzene Taufbecken aus dem frühen 14. Jahrhundert, das von wesentlich älteren Bronzelöwen getragen wird. Besonders bemerkenswert ist der Hochaltar und seine Verknüpfung mit dem Chor. Die Szenen der Deckenfresken aus dem Marienleben setzen sich im Altar fort. Höhepunkt ist das Altarbild mit dem Maria-Schnee-Wunder. Zurück in der Domvorhalle haben wir noch die Möglichkeit, das **Dommuseum** mit der ehemaligen erzbischöflichen Wunderkammer zu besuchen. Hier können wir den Domschatz, sakrale Kunst vom Mittelalter bis zum 19. Jahrhundert und die kuriosen Sammlungen der Erzbischöfe aus dem 17. und 18. Jahrhundert bewundern. Öffnungszeiten: Mitte Mai bis Mitte Oktober Montag bis Samstag 10:00 – 17:00, Sonn- und Feiertage 12:00 – 17:00 Uhr.

Durch den Torbogen des an der Südseite des Domes anschließenden Gebäudes gelangen wir auf den Kapitelplatz mit der berühmten barocken **Pferdeschwemme**. Glanzstück dieser Brunnenanlage ist die bewegte Skulptur des römischen Meeresgottes Neptun, der auf einem sich wild bäumenden Meerross dahinjagt. An der südwestlichen Ecke des Platzes erhebt sich die strenge Stiftskirche **St. Peter** mit dem auf frühchristliche Wurzeln zurückgehenden **Petersfriedhof**. Seine Felskatakomben stammen aus dem 3. und 4. Jahrhundert und bilden damit den eigentlichen Ursprung des heutigen Salzburg. Hier hat der Legende nach der hl. Rupert mit seinen Anhängern schon im 7. Jahrhundert Unterschlupf vor seinen Verfolgern gefunden. Diese Felsengräber können im Rahmen von Führungen besichtigt werden. Führungen täglich (ab 5 Personen): Mai bis September 10:00 – 17:00 , Oktober bis April 11:00 – 12:00 und 13:30 – 15:30 Uhr stündlich. Auskünfte: Tel. 0662/8445780.

Gleich hinter dem Friedhof kommen wir in der Festungsgasse zur Talstation der alten Festungsbahn, die uns hinauf zur **Festung Hohensalzburg** bringt. Während des Investiturstreites, einem Machtkampf zwischen Kaiser und Papst, ließ der papsttreue Erzbischof Gebhard an dieser Stelle bereits 1077 ein provisorisches Holzkastell errichten. Ihr heutiges Aussehen und die spätgotische Ausstattung erhielt die Burg größtenteils im 15. Jahrhundert unter dem kriegerischen und eigensinnigen Erzbischof Leonhard von Keutschach. Im idyllischen Burghof mit seiner alten Linde angelangt, fühlt man sich auch gleich um einige Jahrhunderte zurückversetzt. Im Rahmen einer Führung wandeln wir staunend durch die großartigen Fürstenzimmer, die zu den schönsten gotischen Profanräumen Europas zählen. Eines der akustischen Wahrzeichen der Stadt ist der „Salzburger Stier", die älteste erhaltene Freiorgel Österreichs. Ihr „Geschrey" sollte die Bevölkerung unter Erzbischof Leonhard zeitmäßig auf dem Laufenden und auf Trab halten; bereits morgens um 4 Uhr ertönten ihre markerschütternden Laute. Führungen: September bis März täglich 10:00 – 16:30, April bis Juni 9:30 – 17:00, Juli und August 9:00 – 17:30 Uhr. In der Festung sind auch zwei Museen untergebracht. Das **Burgmuseum** erlangte durch seine reichhaltige Sammlung von phantasievollen und grausamen Folterinstrumenten – allerdings größtenteils Nachbildungen aus dem 19. Jh. – Berühmtheit. Öffnungszeiten: Oktober bis Mai: 8:00 – 18:00, Juni bis September: 8:00 – 19:00 Uhr. Das **Rainermuseum** zeigt vor allem Gegenstände aus der Zeit des Ersten Weltkriegs. Öffnungszeiten: wie Burgmuseum, allerdings nur vom 1. Mai bis 10. Oktober. Betriebszeiten der Bahn: Oktober – April 9:00 – 17:00, Mai bis September 8:00 – 21:00 Uhr, November ca. 14 Tage geschlossen, bei Veranstaltungen auf der Festung verlängerte Betriebszeiten, Fahrten alle 10 Minuten. Auskünfte: Tel. 0662/842682.

Den Rückweg zum Kapitelplatz treten wir zu Fuß an. Zunächst bringt uns der Oskar-Kokoschka-Weg zur Festungsgasse, auf der wir nach links zurück in die Stadt spazieren. Im **Stiegl-Keller**, Festungsgasse 8 – 10 (Tel. 0662/842681), der traditionsreichen Brauerei, können sich die müden Festungsbesucher laben. Vom

Biergarten des bereits 1492 gegründeten Lokals genießen wir einen herrlichen Ausblick auf die Türme und Kuppeln der Altstadt. Schräg gegenüber steht das **Binderhaus**, eines der wenigen erhaltenen mittelalterlichen Wohnhäuser.

Wir queren den Kapitelplatz und gelangen hinter dem Dom vorbei auf den Residenzplatz. Der Abstieg in das **Domgrabungsmuseum** führt uns in die düstere Unterwelt der spätromanischen Krypta und antiker Gebäudereste. Öffnungszeiten: Mai bis Oktober täglich: 9:00 – 17:00 Uhr. Auskünfte: Tel. 0662/845295. Auf dem **Residenzplatz** können wir den schönsten Brunnen der Stadt bewundern. Der frühbarocke **Residenzbrunnen** ist sehr originell aufgebaut. In drei Etagen verblüfft er den Betrachter mit seinen Wasserrössern, Athleten, Delphinen und dem krönenden Triton, der das Wasser in hohem Bogen gegen den Himmel schleudert. Das **Residenz-Neugebäude** wurde um 1600 von Erzbischof Wolf Dietrich für sich und seine erlauchten Gäste erbaut. Die Faszination seines barocken **Glockenspiels** mit dem leicht verstimmten Klang ist ungebrochen. Seine Melodien erfreuen täglich um 7:00, 11.00 und 18:00 Uhr Gäste und Einheimische. Am Ende des Stücks „antwortet" der Salzburger Stier von der Festung. Die **Residenz** an der gegenüberliegenden Seite des Residenzplatzes war einst Sitz der Erzbischöfe von Salzburg. Heute wird der äußerlich unscheinbare Palast von der Universität und als Galerie genutzt. Wenige Schritte trennen uns vom **Alten Markt**, der gegenüber den repräsentativen Plätzen um den Dom geradezu intim und gemütlich wirkt. Mit dem Haus Nr. 109 erwartet uns das **kleinste Haus** Salzburgs. In der **Fürsterzbischöflichen Hofapotheke** gibt es für (fast) jedes Wehwehchen das geeignete Mittel. Und darüber hinaus können wir die altertümlich elegante Rokoko-Einrichtung aus der Zeit um 1760 bestaunen.

Am Nordende des Platzes wenden wir uns nach links und kommen über den Kranzlmarkt in die **Getreidegasse**. In der Nummer 9 befindet sich einer der Publikumsmagneten der Stadt. Am 27. Januar 1756 wurde in einer dunklen Hofstube **Wolfgang Amadeus Mozart** geboren. Heute sind in dem kleinen Museum

Wasserspeiende Pferde dominieren den Residenzbrunnen.

persönliche Erinnerungsstücke an ihn und seine Familie ausgestellt. Neben zahlreichen Geigen ist sein Hammerklavier zu bewundern, auf dem er seine unvergesslichen Werke komponierte. Öffnungszeiten: Anfang September bis Ende Juni täglich: 9:00 – 18:00, Ende Juni bis Anfang September: 9:00 – 19:00 Uhr. Auskünfte: Tel. 0662/844313. Am Ende der Getreidegasse treffen wir auf die Bürgerspitalgasse und gehen nach links zum **Spielzeugmuseum**, Bürgerspitalplatz 2 (Tel. 0662/847560), im ehemaligen Bürgerspital. Die umfassende Sammlung alten und neuen Spielzeugs lässt nicht nur Kinderherzen höher schlagen. Öffnungszeiten: Dienstag bis Sonntag: 9:00 – 17:00 Uhr. Jetzt trennen uns nur noch wenige Meter vom Ausgangspunkt unseres Stadtrundgangs.

▶ SALZBURGER FREILICHTMUSEUM

Höhe: 425 m   *Karte: A 3*

Lage: Das sehenswerte Freilichtmuseum liegt westlich der Stadt → **Salzburg** in der Gemeinde Großgmain. In dem übersichtlichen Areal sind alte Bauernhöfe und andere volkskundlich wertvolle Gebäude aus dem ganzen Salzburger Land zu sehen.

Anreise: Mit dem PKW fährt man auf der Westautobahn A 1 bis zur Autobahnabfahrt Salzburg-West und folgt hier den großen Hinweistafeln bis zum Museum; dort ausreichend Parkplätze vorhanden. Von Salzburg gelangt man mit einem Bus vom Hauptbahnhof über den Mirabellplatz bis nach Großgmain.

Geschichte: Vor etwas mehr als 100 Jahren nahm der Gedanke, unter freiem Himmel Museen einzurichten, in Skandinavien seinen Anfang. Vielen Freilichtmuseen liegt die Idee zugrunde, wertvolle Beispiele bäuerlicher Bau- und Wohnkultur für die Nachwelt zu erhalten. In Österreich konnte dieser Ausstellungstyp erst relativ spät Fuß fassen. Die erste derartige Anlage entstand 1952 in Kärnten. In Salzburg dauerte es noch wesentlich länger. Nur dem unermüdlichen Streben des Salzburger Hausforschers Kurt Conrad ist es zu verdanken, dass 1979 auf dem 50 ha großen Areal mit dem originalgetreuen Aufbau der ersten Objekte begonnen wurde. Am 29. September 1984 wurde das Salzburger Freilichtmuseum als achtes seiner Art in Österreich feierlich eröffnet.

Sehenswert: Die im Salzburger Freilichtmuseum, 5084 Großgmain (Tel. 0662/850011, Fax 8500119) gezeigten Höfe und

Häuser sind Ausdruck vollendeter Handwerkskunst, Zeugnisse hervorragender Volksarchitektur und Dokumente alte Bauernherrlichkeit. 54 Bauten haben bis heute im Freilichtmuseum eine neue Heimat gefunden und weitere 20 warten – zerlegt unter großen Flugdächern – auf ihre Wiedererrichtung. Es würde zu weit führen, auch nur eine annähernd vollständige Schilderung der Höfe und Gebäude zu geben, daher nur eine Auswahl:

Ein hervorragendes Beispiel alter Mühlenkultur ist die **Hinterseemühle**, die zur Versorgung einer Familie gedient haben dürfte. Noch heute treffen wir im Salzkammergut an manchen Stellen auf derartige Bauernmühlen (→ **Wanderung 2**). Die **Brunnbauerkapelle** ist eine der wenigen erhalten gebliebenen Holzkirchen Österreichs. Die Kapelle wurde schon vor mehr als 100 Jahren ein erstes Mal versetzt und kam 1983 in die Bestände des Museums. Das **Rauchhaus Ederbauer** ist eines der ältesten gezeigten Gebäude; es stammt ähnlich wie die Rauchhäuser des Salzkammergutes aus dem 16. Jahrhundert.

Die Werkstatt der alten Schmiede ist mit historischen Werkzeugen gefüllt.

Neben den baulichen Objekten ist man im Museum auch bemüht, Elemente der bäuerlichen Landschaft zu erhalten. Dazu gehören etwa die typischen **Bauerngärten** im unmittelbaren Bereich der Häuser und kunstvoll errichtete **Holzzäune**, die bis in die Nachkriegszeit die Landschaft prägten.

Weiters können in einer eigenen Ausstellung **alte land- und forstwirtschaftliche Maschinen**, wie etwa riesige Traktoren oder dampfbetriebene Dreschgeräte, studiert werden. Besonders die jüngeren Besucher haben ihre Freude mit diesen Kolossen! Öffnungszeiten: Ostern bis Allerheiligen, täglich außer Montag 9:00 – 18:00 Uhr.

▶ ST. GILGEN

Höhe: 545 m	*Karte: C 3*
Einwohnerzahl: 3050	*Wanderung 5, 6*

Lage: St. Gilgen liegt direkt am Nordwestende des Wolfgangsees, am Fuße der beiden Übergänge, die hinüber zum Fuschl- bzw. Mondsee leiten. In alter Zeit war der Ort wichtige Zwischenstation der Wallfahrer auf dem Weg nach → **St. Wolfgang**.

Anreise: St. Gilgen ist ein wichtiger Verkehrsknotenpunkt und aus verschiedenen Richtungen zu erreichen. Von der Westautobahn A 1 kommend, benutzt man die Abfahrt Mondsee und folgt der B 154 am Ufer des Sees entlang und über einen kleinen Sattel direkt nach St. Gilgen. Die Salzkammergut-Bundesstraße B 158 verbindet den Ort mit der Stadt → **Salzburg** und dem weiter östlich liegenden → **Bad Ischl**. In alle genannten Siedlungen bestehen auch regelmäßige Busverbindungen mit verschiedenen Linien. St. Gilgen ist auch Station der Wolfgangsee-Schifffahrt.

Geschichte: Ob die Gründung St. Gilgens auf eine im 8. Jh. bestehende Mönchszelle zurückzuführen ist, muss trotz zahlreicher sagenhafter Erzählungen und vager Aufzeichnungen aus dieser Zeit eine Vermutung bleiben. Erst aus dem Jahre 1376 gibt es urkundliche Belege für den Ort. Immer wieder kam es zwischen verschiedenen geistlichen Mächten zu Besitzstreitigkeiten um die Gemeinde. Unter Schutz des Klosters Mondsee wurde St. Gilgen Sitz eines Pfleggerichts (mit einem heutigen Bezirksgericht

Hoch ragt die Pfarrkirche des hl. Aegydius über das Zentrum von St. Gilgen.

vergleichbar). Zu Beginn des 18. Jahrhunderts war Nikolaus Pertl, Großvater Wolfgang Amadeus Mozarts, Gerichtskommissär. 1720 wurde hier seine Tochter Anna Maria geboren, die später dem weltberühmten Musikgenie das Leben schenken sollte. Noch eine weitere Verbindung zur Familie Mozart besteht: Wolfgangs Schwester Nannerl wohnte von 1784 bis 1801 in St. Gilgen. Neben den Verbindungen zu Mozart hat St. Gilgen bis in jüngste Zeit immer wieder prominente Gäste angelockt; so hat etwa der deutsche Exbundeskanzler Kohl jahrelang hier seinen Sommerurlaub verbracht.

Sehenswert: Die **Pfarrkirche des hl. Aegydius** wurde um 1300 erbaut. In der Barockzeit wurde sie erweitert und erhielt 1899 im Rahmen eines grundlegenden Umbaus ihr heutiges Erscheinungsbild. Kaum eine andere Kirche im Salzkammergut hat eine derart einheitliche Rokoko-ausstattung. Altäre mit Bildern von Paul Troger zählen zu den wertvollsten Einrichtungsstücken. In der Friedhofs-kapelle finden sich schöne Fresken rund um das Thema Tod.

Das **Heimatkundliche Museum**, J.-Pichler-Platz 6 (Tel. 06227/ 2642), ist in einem 1655 erbauten Spitzenkrämerhaus unterge-bracht. So bildet auch die Spitzenklöppelei einen Schwerpunkt der Sammlungen. Daneben sakrale Gegenstände und regionales Handwerk vorgestellt. Ein Teil der Ausstellung geht auf einen pro-minenten Wahlbürger der Gemeinde zurück: Der Nobelpreisträ-ger Karl von Frisch hinterließ dem Museum seine umfangreiche zoologische Sammlung. Öffnungszeiten: 1. Juni bis 30. Septem-ber, Dienstag bis Sonntag 10:00 -12:00 und 14:00 – 18:00 Uhr.

Ein Muss für jeden St.-Gilgen-Besucher ist natürlich das **Geburts-haus von Mozarts Mutter**, Ischler Straße 15, in dem heute eine Mozartgedenkstätte untergebracht ist. Hier erfährt man Wissens-wertes über die mütterlichen Vorfahren Mozarts.

Für Musikbegeisterte gibt es daneben ein weiteres empfehlens-wertes Museum. Das **Musikinstrumente-Museum der Völker**, Aberseestraße 11 (06227/8235), wird seinem Namen mehr als gerecht und stellt alte und neue Instrumente aus aller Welt vor. Öffnungszeiten: 7. Januar bis 31. Mai Montag bis Donnerstag 14:00 – 17:00, Sonntag 15:00 – 18:00 Uhr, 1. Juni bis 15. Okto-ber Dienstag bis Sonntag 9:00 – 11:00 und 15:00 – 19:00 Uhr.

▶ ST. WOLFGANG

Höhe: 550 m	Karte: D 3
Einwohnerzahl: 2500	Wanderung 5, 7, 8

Lage: Die alte Marktgemeinde liegt in herrlicher Landschaft zu Füßen des Schafberges direkt am Ufer des → **Wolfgangsees**. Ein Kuriosum ist, dass die Häusergruppen am westlichen Ortsrand von St. Wolfgang bereits in Salzburg liegen und damit zur jen-seits des Sees liegenden Gemeinde → **St. Gilgen** gehören.

Anreise: St. Wolfgang ist über eine schmale Landesstraße, die von der B 154 abzweigt, von den Orten **Strobl** und → **Bad Ischl** leicht mit dem PKW zu erreichen. Von den genannten Gemein-den bestehen auch regelmäßige Busverbindungen. Zu allen an-deren Seeorten gibt es regelmäßige Schiffsverbindungen.

Geschichte: Der hl. Wolfgang war in den Jahren 972 – 994 Bi-schof von Regensburg. Zwar ist bekannt, dass er rege Beziehun-gen nach Oberösterreich unterhielt, doch ist historisch nicht be-legt, ob er sich tatsächlich am → **Wolfgangsee** aufhielt. Die Le-gende berichtet jedoch, dass der Bischof hier eine Kirche gründen wollte. Zum Zweck der genauen Lagebestimmung des zukünftigen Gotteshauses warf er eine Axt von sich. Diese traf am Seeufer auf einen Stein, und dort wurde mit dem Bau begonnen. Tatsächlich stand schon vor dem Jahre 1000 eine Kapelle an der Stelle des heutigen Ortes, die 1052 anläßlich der Heiligsprechung Wolfgangs seinen Namen erhielt. Im 15. und 16. Jh. war St. Wolfgang nach Rom, Aachen und Einsiedeln der meistbesuchte christliche Wallfahrtsort. Dies brachte dem Ort einen entspre-

chend rentablen „Pilgertourismus", so dass man sich auch die üppige Ausstattung der Kirche leisten konnte. Besonders in der Zeit der Gegenreformation wurde die Wallfahrt von den Äbten des Stiftes Mondsee stark gefördert. 1791 fand der Zustrom der Pilger durch die Aufhebung des Priorats St. Wolfgang jedoch ein jähes Ende. Der Ort versank in Lethargie, bis ihn die Sommerfrischler des

Schon im Mittelalter wurde St. Wolfgang viel besucht. Heute kommen statt der Pilger Touristen aus aller Welt in den berühmten Ort.

ausgehenden 19. Jh. als profanes Reiseziel entdeckten.

Sehenswert: Die **Pfarrkirche St. Wolfgang** zählt zu den wichtigsten sakralen Sehenswürdigkeiten Oberösterreichs. Es ist jedoch nicht die eher bescheidene Architektur des Bauwerkes, die uns in ihren Bann zieht, sondern dessen üppige Ausstattung. Hauptwerk ist der berühmte Flügelaltar des begnadeten Südtiroler Meisters Michael Pacher, der zwischen 1471 und 1481 entstand. Der Altar wurde in der Werkstatt Pachers in Bruneck geschnitzt und erst an Ort und Stelle zusammengebaut. Die nahezu lebensgroßen Figuren des inneren Schreins erstrahlen in prächtigem Goldglanz. Mit diesem Altar hatte die spätgotische Schnitzkunst ihre absolute Vollendung erreicht. Neben ihm verblassen die anderen Kunstwerke, obwohl auch der barocke Doppelaltar von 1675/76 von höchster künstlerischer Qualität ist. Nehmen Sie sich genügend Zeit für diese Kirche, dann werden Sie in den Seitenschiffen und dunklen Nischen noch manch anderes Kleinod entdecken!

▶ SEEWALCHEN-SCHÖRFLING

Höhe: 467 m Karte: E 1
Einwohnerzahl: 7600

Lage: Die beiden mittlerweile völlig zusammengewachsenen Marktgemeinden liegen am Nordende des → **Attersees**. Trotz vieler Gemeinsamkeiten in Geschichte und Kultur gibt es auch Trennendes zwischen den Orten.

Anreise: Beide Gemeinden sind mit dem PKW über die Attersee-Uferstraße bzw. über zwei eigene Abfahrten der Westautobahn A 1 leicht zu erreichen. Auch bestehen Busverbindungen zu allen Umlandgemeinden. Die attraktivste Weise, zu einem anderen Seeort zu reisen, ist wohl die Nutzung der Attersee-Schifffahrt.

Geschichte: Der Name -walchen (= Welsche, Romanen) deutet darauf hin, dass in Seewalchen schon zur Römerzeit eine bedeutende Siedlung bestand. Schörfling blickt ebenfalls auf eine lange Geschichte zurück; bereits im Mittelalter wurde der Markt zu einem lokal bedeutenden Wirtschaftszentrum. Mit der Entdeckung von Pfahlbauten am Nordende des Sees gegen Ende des vorigen Jahrhunderts wurde die seit urgeschichtlicher Zeit ähnliche Entwicklung der beiden Märkte offenkundig. Schon 1910 eröffnete der Verein Deutsche Heimat einen rekonstruierten Pfahlbau. Durch die Kriegszeit arg verkommen, wurde das Dorf 1922 für Filmaufnahmen niedergebrannt.

Sehenswert: Einige Sehenswürdigkeiten Seewalchens konzentrieren sich an der Promenade. Das **Schreinerhaus**, Promenade 7, ist ein ehemaliges Bauernhaus in typischer Steinbauweise. Besonders charakteristisch für die bäuerliche Architektur der Region ist die geringe Dachneigung sowie die Dachdeckung aus Legschindeln, die mit Stangen beschwert sind. Am Ende der Promenade steht in einer Kurve die **Villa Paulick**, ein kunstgeschichtlich bedeutsamer Bau mit einer interessanten Dachlandschaft aus zahlreichen Kaminen, einem Turm und schiffsförmigen Dachreitern. Einen Besuch wert ist auch die **Pfarrkirche zum hl. Jakobus d. Ä.** Ihr Inneres ziert ein neugotischer Altar, der unter Verendung von drei spätgotischen Schnitzfiguren erstellt wurde.

Prunkstück unter den Sehenswürdigkeiten von Schörfling ist das **Schloss Kammer**, das direkt am See liegt. Schon der Wiener Malerfürst Gustav Klimt ließ sich von diesem Bau zu einigen Werken inspirieren. Er wurde eines seiner Lieblingsmotive während der langen Atterseeaufenthalte zwischen 1908 und 1912. Das Haus, das sich in privatem Besitz befindet, wurde in den letzten Jahren umfassend renoviert. Wer es von innen kennenlernen möchte, hat dazu während der alljährlich im Sommer stattfindenden Schlosskonzerte die Möglichkeit.

Ein bemerkenswertes barockes Wohnhaus ist das **Benefizianten-haus**, Erdl Nr. 13. Über dem Eingang prangt ein Stuckrelief, das Maria mit dem Kinde zeigt. Besonders beeindruckend ist die spätgotische Halle der Pfarrkirche Zum **hl. Gallus**, in der neben barock überarbeiteten Inventarstücken auch einige ursprüngliche Einrichtungsgegenstände erhalten geblieben sind, so etwa die Marienstatue auf dem linken Seitenaltar.

▶ TAUPLITZALM

Höhe: 1650 – 2000 m	*Karte: H 5*
	Wanderung 30

Lage: Nur wenige Kilometer vom steirischen Ennstal entfernt, bilden die Tauplitzalm und der Talort Tauplitz die südöstliche Eingangspforte ins Salzkammergut. Neben der → **Postalm** eine der ausgedehntesten Hochflächen der Region.

Anreise: Um auf die Tauplitzalm zu gelangen, stehen dem Ausflügler und Wanderer zwei Möglichkeiten offen. Entweder man fährt die mautpflichtige Alpenstraße zur Hochfläche, an deren Ende ein Großparkplatz auf die Besucher wartet. Als zweite Variante kann man vom Talort Tauplitz den Vierersessellift wählen, der uns in wenigen Minuten zur Hochfläche bringt. Betriebszeiten im Sommer: 20. Juni bis 30. September, 8:30 – 16:30 Uhr. Nähere Informationen, auch über den Winterbetrieb bei der Tauplitzer Fremdenverkehrsgesellschaft, 8982 Tauplitz (Tel. 03688/ 2252, Fax 2802).

Mehrere Seen – im Bild der Großsee – prägen die Landschaft der Tauplitz.

Sehenswert: Die Tauplitzalm ist bekannt als **eines der schönsten Hochplateaus der Alpen**. Die ganze Region umgibt ein Hauch von der Nostalgie der alten Sommerfrische. Hier können Sie in herrlichen Wäldern oder über unendliche Almgebiete wandern, und überall, wo ihr Blick hinfällt, grüßt eine zauberhafte Natur mit Wiesen, Bächen, Hochweiden und Bergen. Daneben locken auch die drei größeren der insgesamt sechs Seen – Groß-, Steirer- und Schwarzensee – mit ihrem jeweils eigenen Charakter. Ein Höhepunkt der Tauplitz im wörtlichen Sinn ist der **Lawinenstein** (1965 m), der auf einem gut bezeichneten Steig erklommen werden kann und eine umfas-

sende Rundschau über die Hochfläche und den nahegelegenen Bergstock des mächtigen Grimming bietet. Ein kaum zu überbietendes Erlebnis ist eine Wanderung auf der Alm zur Zeit der **Alpenrosenblüte** (um Mitte Juli).

 ## TOTES GEBIRGE

Höhe: um 600 – 2516 m (Großer Priel)	*Karte: F–H 3–5*
	Wanderung 14, 15, 27, 29

Lage: Das Tote Gebirge ist ein mächtiges Karstmassiv, das sich an der Südostgrenze des Salzkammergutes über die Bundesländer Oberösterreich und Steiermark erstreckt. Es ist einer der höchsten Ausläufer am Nordostrand der Nördlichen Kalkalpen.

Anreise: Für einen Zugang ins und zum Toten Gebirge bieten sich verschiedene Möglichkeiten an, von denen wir einige im Rahmen unserer Wanderungen vorgestellt haben. Von Norden führt das Almtal bis an den Nordrand und nahe an die höchsten Erhebungen des Massivs heran. Von Westen erreichen wir die Bergwelt durch das Tal des → **Offensees**, der in einer tiefen Mulde am Fuße der Schönberg-Gruppe liegt. Die aussichtsreichsten südlichen Zugänge bietet das Ausseer Land, insbesondere die Straße auf den Loser (→ **Wanderung 27**). Von diesem Aussichtsposten hat man einen grandiosen Blick über die verkarstete Hochfläche.

Entstehung: Die Gesteine, die das Tote Gebirge aufbauen, entstanden vor mehr als 70 Millionen Jahren im Erdmittelalter. Es sind die Skelette zahlloser Korallen und Schwämme, die hier in einem flachen Meer gediehen. Durch die Gebirgsbildung wurden die Stöcke emporgehoben. Sein heutiges Gesicht verdankt das Tote Gebirge der Tatsache, dass Kalk unter Anwesenheit von Kohlendioxid wasserlöslich ist. Dies führt zu vielfältigen Erosionserscheinungen, in ihrer Summe „Karst" genannt.

 ## TRAUNKIRCHEN

Höhe: 422 m	*Karte: F 2*
Einwohnerzahl: 1500	*Wanderung 13*

Lage: Eine kleine Halbinsel am Westufer des Traunsees bildet die Keimzelle des heute wesentlich weiter ausgedehnten Ortes. Wegen seiner herrlichen Landschaft wird Traunkirchen mit Recht „Perle des Salzkammergutes" genannt,

Anreise: Von → **Bad Ischl** gelangen wir dem Verlauf der alten Soleleitung folgend ostwärts auf der Salzkammergut-Bundesstraße B 145 nach Traunkirchen. Die Eisenbahn erreicht Traunkirchen von Attnang-Puchheim aus (an der Westbahnstrecke Salzburg–Wien) auf der Salzkammergutstrecke. Busverbindungen bestehen nach → **Bad Ischl** und → **Gmunden**. Per Schiff gelangt man von allen Ortschaften am Traunseeufer nach Traunkirchen.

Das Kirchlein auf dem Johannesberg steht auf geschichtsträchtigem Boden.

Geschichte: Auf dem Gipfelplateau des Odinsteins, dem heutigen Johannesberg, wurden 4000 bis 5000 Jahre alte Steinbeile gefunden. Somit begann in der Jungsteinzeit die archäologisch belegbare Geschichte von Traunkirchen. Seit Jahrtausenden wird dieser geheimnisvolle Berg begangen, und viele Funde belegen, dass sich hier auch eine Opferstätte befunden hat. In der Hallstattzeit erreichte dieser Brandopferkult seinen Höhepunkt. Später waren auch hier die Römer präsent. So wird vermutet, dass die Johanneskapelle an der Stelle eines römischen Tempels errichtet wurde. Nach dem Gründungsbild wurde bereits 632 n. Chr. die Abtei „Trunseo" eingerichtet. 1020 kamen Benediktinerinnen von Salzburg nach Traunkirchen. 1622 schenkte Kaiser Ferdinand die Klostergebäude und die gesamten Besitzungen den Jesuiten von Passau. 1773 wurde das Jesuitenkloster aufgelöst, die Klosterkirche dient seither als Pfarrkirche.

Sehenswert: Ein Juwel der Baukunst ist die burgähnliche Pfarrkirche **Mariä Krönung** mit der berühmten **Fischerkanzel**. Die herrliche Barockkirche, deren Ursprünge bis in das 11. Jahrhundert zurückgehen, entstand in der heutigen Form nach verheerenden Bränden im 17. Jahrhundert; 1652 wurde sie geweiht. Der Hochaltar, der 1754 von Franz Preisl gestaltet wurde, ist der Krönung Mariens geweiht. Das Hauptwerk der Kirche ist aber die Fischerkanzel, die das Wunder des reichen Fischfanges von Petrus darstellt. Dem unbekannten Künstler (1753) ist es hier gelungen, fromme Gedanken mit den Besonderheiten der Landschaft zu verschmelzen. Unter dem barocken Schalldeckel mit Heiligen,

Engeln und einem Riesenkrebs stellt die Kanzel ein naturalistisch gestaltetes Boot mit einem filigranen Netz dar, aus dem silbrige Fische schlüpfen und stilisierte Wassermassen strömen.

Wann die **Johanneskapelle** auf dem Johannesberg errichtet wurde, ist ungewiss. Urkundlich wurde sie erstmals 1356 erwähnt. Seit dem 16. Jahrhundert ist sie Johannes dem Täufer geweiht. In der Vorhalle ist ein römischer Steinkopf, ein Kaiserportrait aus dem 3. oder 4. Jh. n. Chr., eingemauert. Berühmt ist auch die Glocke von 1639.

1696 schuf die „Todesangst Christi Bruderschaft" den Traunkirchner **Kalvarienberg**, den ältesten seiner Art im Salzkammergut. Über viele im Jahr 1739 verlegte Steinstufen erreicht man die Kalvarienbergkapelle mit einer barocken Kreuzigungsgruppe und alten Wandbildern. Beim Betrachten dieser Bilder fällt vor allem die kuriose, in die Landschaft des Salzkammerguts verlegte Darstellung des himmlischen Jerusalem auf. Vier Andachtskapellen, die die Geheimnisse des schmerzhaften Rosenkranzes bergen, begleiten den Weg über die Dächer von Traunkirchen. Am Abend des Gründonnerstags wird der Kalvarienberg alljährlich zum Mittelpunkt uralten religiösen Brauchtums. Beim „Antlaßsingen" versammeln sich Männer und Frauen an zwölf Stellen im Ort und gedenken Stunde für Stunde singend der Passionsgeschichte. Das sogenannte 24-Stunden-Lied findet schließlich mit dem morgendlichen Bittgang am Karfreitag seinen Abschluss.

Mehrere alte Villen berichten von glanzvollen Zeiten. In der steingrauen Villa hoch über dem Seeufer wohnte einst die russische Fürstentochter Sophie Pantschoulidzeff. Die sogenannte **Russenvilla** wurde in den Jahren 1850 bis 1854 nach Plänen des berühmten Architekten Theophil von Hansen erbaut. Im Gästebuch finden sich viele berühmte Namen. Zu Gast waren hier etwa die Komponisten Anton Rubinstein und Wilhelm Kienzl, die Dichter Rainer Maria Rilke und Adalbert Stifter sowie Erzherzog Maximilian, der spätere Kaiser von Mexiko. Die **Spitzvilla** gehörte dem berühmten österreichischen Offizier Karl Rudolf von Slatin, Generalgouverneur des Sudans in englischen Diensten. Hier empfing er bedeutende Persönlichkeiten wie den englischen König Eduard VII. oder Kaiser Franz Joseph. Seit 1976 ist das Gebäude im Besitz des Landes Oberösterreich und wird vor allem im Sommer als Ausstellungs- und Veranstaltungszentrum genutzt.

Im Herzen Traunkirchens steht die **Villa Anka**. Hier scharte die Familie Löwenthal einen Kreis bekannter Künstler um sich, darunter Arnold Schönberg und Alban Berg.

In den historischen Räumen des einstigen Nonnenklosters eröffneten die Goldhauben- und Kopftuchgruppen des Bezirkes Gmunden 1999 nach jahrelanger Sammeltätigkeit ihr **Handarbeitsmuseum** (Tel. 07617/2879). Der Facettenreichtum der liebevoll gestalteten Ausstellung reicht von typischen regionalen Handarbeiten bis zu den Fest- und Salontrachten der Region. Auch alte Stick- und Stricktechniken werden gezeigt. Öffnungszeiten: Mai, Juni, September, Oktober Mittwoch, Samstag und Sonntag 14:00 – 16:00, Juli, August täglich 14:00 – 16:00 Uhr.

▶ WILDPARK HOCHKREUT

Höhe: 961 m	*Karte: F 2*
	Wanderung 12

Lage: Der Höhenwildpark mit seiner herrlichen Aussicht in die Bergwelt des Salzkammerguts liegt zwischen Attersee und Traunsee.

Anreise: Sowohl von Steinbach am Attersee als auch von Altmünster am Traunsee gelangt man über die Großalmstraße nach Neukirchen, von wo eine asphaltierte Höhenstraße zum Wildpark führt.

Geschichte: Bereits bei der Anfahrt auf der Höhenstraße beeindruckt die reizvolle Kulturlandschaft mit ihren alten Viechtauer – so heißt die Gegend – Bauerngehöften. Die Region ist wegen ihrer bemalten Bauernmöbel und des regional typischen Holzspielzeugs volkskundlich sehr bekannt. Der Wildpark selbst entstand aus einem ehemaligen Jagdbesitz.

Sehenswert: Über **300 Wildtiere** kann man in den weitläufigen Gehegen auf den Almwiesen von Hochkreut bewundern. Als Beispiele seien Rotwild, Damwild, Steinbock, Mufflon, Yak und Wildschwein genannt. In Volieren werden Vögel wie Uhu, Bussard, Schneeeule und Fasane gehalten. Ihre Kinder werden vor allem die vielen Streicheltiere lieben. Verschiedene Ziegen- und Schafarten, Esel, Ponys und Meerschweinchen buhlen um die Gunst der kleinen Besucher. Und natürlich kann man am Eingang tiergerechtes Futter erstehen! Eingeschlossen in den Rundweg, der durch Rast- und Beobachtungsplätze unterbrochen wird, sind verschiedene Lehrpfade. Ein lehrreiches und eindrucksvolles Erlebnis für Jung und Alt ist der **Vogelstimmen-Lehrpfad**. An 13 Stationen kann man mittels Knopfdruck jeweils den Gesang einer heimischen Vogelart abhören. Kleine Dioramen, die in Baumstämmen untergebracht sind, zeigen das zugehörige Tier. Auf dem gleichen Prinzip beruht der **Frosch-Lehrtümpel** mit seinen quakenden Lurchen. Daneben gibt es noch einen **Pilz-Lehrweg**. Im Zentrum des Parks steht das romantische Informationshaus. Im Museumsraum gibt die Ausstellung „Eine Landschaft stellt sich vor" Einblicke in die geologische, paläontologische, heimatkundliche und jagdgeschichtliche Vergangenheit der Traunseelandschaft. Öffnungszeiten: Frühling bis Herbst täglich 9:00 – 18:00 Uhr. Auskünfte: Wildparkleitung Hochkreut, 4814 Neukirchen/Altmünster (Tel. 07618/8205).

▶ WOLFGANGSEE

Höhe: 538 m | *Karte: C 3, D 2/3*
Wanderung 5, 6, 7, 8

Lage: Der etwa 14 km² große See, früher auch Abersee genannt, liegt in der Nordwestecke des Salzkammergutes. Mitten durch den See verläuft die Landesgrenze zwischen Salzburg und Oberösterreich.

Entstehung: Wie bei den meisten anderen Salzkammergut-Seen waren auch bei der Entstehung des Wolfgangsees die Eiszeiten am Werke. Hier war die Arbeit der Gletscher jedoch schwerer als in anderen Gegenden. Sehr harte Felsen widerstanden den anstürmenden Eismassen und so erheben sich heute am Falkenstein steile Klippen jäh aus den Fluten.

Eine „Schiffsreise" auf dem Wolfgangsee sollte man auf keinen Fall versäumen.

Sehenswert: Die Orte rund um den See sind allesamt sehenswert. Wir haben ihnen daher eigene Kapitel gewidmet, in denen wir ihre Besonderheiten vorstellen. Der Wolfgangsee selbst ist ein wahres Eldorado für Wassersportfreunde. Alle nur denkbaren Spielarten des nassen Vergnügens können hier ausgeübt und erlernt werden. Adressen einiger wichtiger Schulen und Veranstalter haben wir im Reiseinfoteil unter → **Wassersport** aufgelistet.

*Vorher-
gehende
Doppelseite:
Gastgarten
am See,
Bootsrund-
fahrten mit
oder ohne
Motor – wich-
tige Bestand-
teile eines ge-
lungenen
Salzkammer-
gut-Urlaubs!*

▶ ANREISE

Mit dem Auto: Da viele Ausgangspunkte von Wanderungen und auch einige Sehenswürdigkeiten am bequemsten mit dem Auto zu erreichen sind, reisen Jahr für Jahr zahlreiche Besucher mit dem eigenen PKW ins Salzkammergut. Auf den Hauptreiserouten, wie etwa der Autobahn München – Salzburg, sind daher kilometerlange Staus an den Hauptreisewochenenden die Regel. Für die meisten Besucher aus Deutschland und der Schweiz gilt die **Autobahnachse Innsbruck bzw. München – Rosenheim – Salzburg** als beste und schnellste Verbindung ins Salzkammergut. Auf der österreichischen Westautobahn A 1 kommt man an einige der großen Seen recht nahe heran. Dabei ist zu beachten, dass Autobahnen in Österreich generell mautpflichtig sind (Vignetten an der Grenze; Auskünfte in Deutschland erteilt der örtliche ADAC). Da jedoch auch die Bundesstraßen an den Hauptreisewochenenden heillos verstopft sind, empfiehlt es sich, die Kosten für die Autobahnmaut in Kauf zu nehmen.

Eine Alternative zur eben beschriebenen wichtigsten Anreiseroute führt über die deutsche A 3 zum Grenzübergang südlich von Schärding. Hier geht es auf der **Innkreis-Autobahn** A 8 weiter in den Raum von Wels und entweder auf Bundesstraßen oder der A 25 zur Westautobahn A 1, auf der man nun Richtung Salzburg die wichtigsten Seen des Salzkammergutes erreicht. Diese Anreisealternative dürfte vor allem für Besucher aus dem nördlichen Deutschland und den neuen Bundesländern von Interesse sein.

*Am Fuß der
Steilabbrüche
des Dach-
steinmassivs
geht die Reise
über die Kop-
penstraße ins
steirische
Salzkammer-
gut.*

Im Salzkammergut selbst steht ein dichtes Netz an Bundesstraßen zur Verfügung, welche die gesamte Region durchziehen.

So verbindet die Salzkammergut-Bundesstraße B 145 die Westautobahn A 1 ab der Ausfahrt Regau mit dem steirischen Ennstal und berührt in ihrem Verlauf einige der wichtigsten Sehenswürdigkeiten der Region. Auf der B 158 kann man von der Stadt → **Salzburg** in kurzer Zeit nach → **Bad Ischl** reisen und ist damit bereits im Herzen des Inneren Salzkammergutes. Neben diesen Hauptverbindungen erlauben viele Nebenrouten ein beschauliches Reisen ohne große Hektik. Selbst die meisten Nebenstraßen der Region sind ganzjährig befahrbar. Nur die **Koppen-**

straße zwischen Obertraun und → **Bad Aussee** und die Großalmhöhe zwischen Atter- und Traunsee haben nach starken Schneefällen bzw. im Hochwinter eine sicherheitsbedingte Wintersperre (je nach Wetterlage zumeist Ende November bis Mitte März).

Mit der Bahn: Wichtigste internationale Bahnverbindung durch Österreich ist die Westbahnstrecke. Auf ihr verkehren auch die Züge von München nach Wien, die einen wichtigen Anschluß an die Bahn ins Salzkammergut bieten. Umsteigeknotenpunkt ist dabei das unscheinbare **Attnang-Puchheim** an der Westbahnstrecke. Von hier verkehrt die Nebenbahnlinie durch das Salzkammergut ins steirische Ennstal. Wichtige Stationen sind etwa → **Gmunden**, → **Ebensee**, → **Bad Ischl**, → **Hallstatt** und → **Bad Aussee**. Den Bahnknotenpunkt Attnang-Puchheim erreicht man auch über die Verbindung **Passau – Wien** nach Umsteigen auf die Westbahnstrecke in Linz.

Allgemeine Fahrplanauskünfte der Deutschen Bahn erhält man in allen größeren Orten Deutschlands unter der einheitlichen Telefonnummer 19419.

Mit dem Flugzeug: Nur zwei Flughäfen liegen im Umkreis der Region. Der **Salzburg Airport** liegt etwa 5 km südwestlich der Altstadt. Er ist mit der Buslinie 77 oder mit dem Taxi schnell zu erreichen. Linienflüge von Deutschland oder der Schweiz derzeit nur ab Frankfurt bzw. Zürich. Auskünfte über die aktuellen Verbindungen erhalten Sie bei Ihrem Reisebüro oder unter der Salzburger Telefonnummer 0662/852900. Etwas weiter entfernt vom Salzkammergut ist der **Linzer Flughafen**, der von Austrian Airlines, Lufthansa und Swissair angeflogen wird. Auskünfte unter der Linzer Nummer 07221/72700 oder bei Ihrem Reisebüro.

▶ AUSKUNFT

Anlaufstelle für allgemeine und spezielle Fragen ist die Ferienregion Salzkammergut, Wirerstraße 10, 4820 Bad Ischl (Tel. 06132/269090, Fax 2690914). Hier geht man gerne auf Ihre Wünsche und Anregungen ein.

▶ BERGBAHNEN

Zahlreiche Aufstiegshilfen erschließen die Bergwelt rund um das Salzkammergut. Besonders attraktiv für den Bergwanderer sind

Alt und Jung sind von der Schafberg-bahn begeistert!

etwa die Bahnen auf den Dachstein, den Feuerkogel, den Grünberg sowie auf die Berge rund um den → **Wolfgangsee**. Adresse und Telefonnummern erhält man bei den örtlichen Tourismusverbänden bzw. bei der zentralen → **Auskunft**. Wir haben die Telefonnummern der für unsere Wanderungen genutzten Aufstiegshilfen im jeweiligen Infokasten angeführt.

▶ BERGSTEIGEN UND KLETTERN

Entsprechende Auskünfte erteilen die lokalen Tourismusverbände. Einige Alpenvereinshütten der Region dienen auch als Stützpunkt für Alpinschulen, so etwa die Simonyhütte am Dachstein (→ **Wanderung 23**). Informationen und Buchungen verschiedenster Kletterkurse (Grundübungen in Fels und Eis, Sportklettern etc.) bietet der **Abenteuerclub Salzkammergut**, Hauptstraße 327, 4822 Bad Goisern (Tel. 06135/8254, Fax 7409).

▶ CAMPING

Einige empfehlenswerte oder besonders hervorzuhebende Plätze sind:

Campingplatz Klausner-Höll, Lahn 200/201, 4830 Hallstatt (Tel. 06134/83224, Fax 83221): Ruhige Lage am Waldesrand, nur 100 m vom Frei-Badestrand am Hallstätter See entfernt.

Campingplatz Gosaumühle, Gosauzwang, 4823 Steeg/Hallstätter See (Tel. 06134/830314, Fax 830312): Direkt am See gelegener Platz mit eigenem Badestrand. Ganztägig warme Speisen und hausgemachte Mehlspeisen.

Veronika Bischof, Gößl 17, 8993 Grundlsee (Tel. 03622/8181): 9000 m² großer Platz in der Nähe des Grundlsees, Badestrand und Bootsverleih in kurzer Zeit zu Fuß zu erreichen.

Hannelore Seiberl, Gößl 145, 8993 Grundlsee (Tel. 03622/8689): Auf einer leicht zum See hin abfallenden Wiese bietet dieser kleine Platz einen wundervollen Blick über den Grundlsee. Zahlreiche Gasthöfe im Ort.

Campingplatz Lobenstock, 8983 Bad Mitterndorf (Tel. 03623/ 2985 oder 2394): Am westlichen Ortsrand von → **Bad Mitterndorf** gelegener Platz unweit der Salzkammergut-Bundesstraße. Reitgelegenheit in unmittelbarer Nähe.

Nicht weniger als 11 Plätze locken rund um den Wolfgangsee, so etwa Camping Appesbach, Au 99, 5360 St. Wolfgang (Tel. 06138/2206). Camping Wolfgangsee Lindenstrand, Gschwand 36, 5342 Abersee (Tel. 06227/7205). Terrassencamping Schönblick, Gschwand 33, 5342 Abersee (Tel. 06137/7042). Camping Berau, Schwarzenbach 16, 5360 St. Wolfgang (Tel. 06138/2543). Camping Weidingerbauer, Gschwendt 41, 5342 Abersee (Tel. 06137/7071). Camping Seeholz, 5330 Fuschl am See (Tel. 06226/8310): Direkt am Fuschlsee gelegener Platz mit zahlreichen Freizeiteinrichtungen in unmittelbarer Nähe (Strandbad, Minigolf, Tennis, Sommerrodelbahn).

Stadtcampingplätze in Salzburg sind etwa Camping Schloss Aigen, Weberbartlweg 20, 5020 Salzburg (Tel. 0662/822079 oder 272243), Camping Kasern, Carl-Zuckmayer-Str. 26 (Tel. 0662/ 50576), Camping Stadtblick, Rauchenbichlerstraße 21 (Tel. 0662/ 50652) und Camping Nord-Sam, Samstraße 22a (Tel. 0662/ 660494) mit Schwimmbad.

► EINKÄUFE UND SOUVENIRS

Das Salzkammergut ist eine Fundgrube für schöne Mitbringsel und Erinnerungsstücke. Die Herstellung der zahlreichen, zum Teil sehr hochwertigen Erzeugnisse des Gewerbes und Kunsthandwerkes beruht häufig auf über Generationen weitergegebenen Traditionen. Inbegriff gediegenen Handwerks sind die typischen **Salzkammergut-Trachten** und Dirndln, die in unterschiedlicher Ausführung – von traditionell-bodenständig bis modern – angeboten werden. Ein echter Klassiker ist die **Lederhose** aus dem Ausseer Land, die dort bis heute wichtiges Element der Alltags- und Festtagskleidung geblieben ist. Daneben locken auch verschiedenste kunsthandwerkliche Erzeugnisse, etwa nach traditionellen Methoden hergestellte **Seifen** und **Duftwässer**, **Schnitzereien** oder kleine Prachtstücke aus **Glas** und **Keramik**, wobei die **Gmundner Keramik** weit über die Grenzen Österreichs hinaus Berühmtheit erlangt hat. Für jeden Geschmack und Geldbeutel ist ein Souvenir zu finden.

Doch nicht nur das Handwerk lockt mit Bodenständigem. Was wäre das Salzkammergut ohne seine kulinarischen Spezialitäten. Angefangen bei der **Original Salzburger Mozartkugel** der Konditorei Fürst über den erlesenen **Zaunerstollen** aus Bad Ischl bis hin zu den variantenreichen **Ausseer Lebkuchen** zeugen viele süße Spezialitäten von der traditionsreichen österreichischen Mehlspeisenküche. Köstlich sind auch die verschiedensten **Honigsorten** der zahlreichen Imkereien. Doch nicht nur Naschkatzen kommen auf ihre Kosten. Ein reiches Angebot an verschiedenen edlen Bränden und Schnäpsen wartet auf den Kenner. Besonders die **Obstbrände** sind ein Markenzeichen der Region.

Trachtenfreunde finden im Salzkammergut ein reiches Angebot.

▶ FESTE

Eine kurze Auswahl bekannter Feste im Jahresverlauf:

Januar: Glöcklerlaufen in → **Ebensee** und → **Traunkirchen**: Verschiedene Gruppen laufen mit ihren farbenprächtigen, beleuchteten Glöcklerkappen sternförmig zum allgemeinen Treffpunkt, wo in der Nacht alte Weihnachts- und Krippenlieder gesungen werden.

Februar: Oberösterreichischer Ballon-Cup in → **St. Wolfgang**: Heißluftballon-Wettfahrten und die berühmte Nacht der Ballone.

Fasching: Ebenseer Fasching mit farbenprächtigen Umzügen, etwa dem wilden „Fetzenzug" am Faschingsmontag, und zahlreichen Bällen.

Mai: Kirchweihfest in Grünau.

Juni: Fronleichnams-Prozessionen auf dem See in → **Hallstatt** und → **Traunkirchen.**

Ende Mai/Anfang Juni: Narzissenfest in → **Altaussee** mit berühmtem Blumenkorso auf dem See: herrlich geschmückte Boote mit kunstvollen Aufbauten aus Tausenden Narzissen.

Juli/August: Operettenwochen in → **Bad Ischl**; Gmundner Festwochen: Sommerfestspiele, Kulturveranstaltungen etc. im Stadttheater, im Landschloss Ort und in der Hipphalle; „Jazz on the steam": musikalisch untermalte Rundfahrten auf dem Raddampfer Gisela auf dem Traunsee; Attergauer Kultursommer in St. Georgen; Salzburger Festspiele.

August: Ausseer Kultursommer; Bläserfest am Almsee; Stadtfest und Kaiserfest in → **Bad Ischl**; Gamsjaga-Tage in → **Bad Goisern** (letztes Augustwochenende).

September: Musiktage Mondsee mit wechselnden Schwerpunkten; Kirtage in → **Altaussee** und zahlreichen anderen Gemeinden; Almabtrieb von der → **Postalm** und der → **Tauplitz** sowie vom Kasberg; IVV-Herbstwanderwochen und Jubiläumswanderwochen auf der → **Tauplitz.**

Oktober: kulinarische Bauernherbsttage im ganzen Salzkammergut.

November: Kathreintanzfest im Salzburger Kongresshaus.

Dezember: Christkindlmarkt in → **Salzburg**; Salzburger Advent. Weitere Auskünfte zu Festen und Veranstaltungsterminen: zentrale → **Auskunft** in Bad Ischl; örtliche Tourismusverbände.

▶ KINDER

Das Salzkammergut ist eine ausgesprochen kinderfreundliche Reiseregion. In fast allen Gemeinden gibt es spezielle Programme oder Attraktionen für die Kleinen. Angefangen von Spielplätzen bis hin zu Kinderführungen, Theaterveranstaltungen, Kindererlebniswegen etc. lässt sich für die ganze Familie genügend Abwechslung finden. Besonders hervorzuheben sind die in einigen Orten (z. B. Grünau im Almtal) verfügbaren Kindergästekarten, spezielle Kinderhotels (z. B. im Mondseeland) oder auf Kinder ausgerichtete Erlebniswelten. Auch sportliche Betätigung für jedes Alter ist möglich, so etwa an den zahlreichen Seen mit ihren großteils auch für Kinder geeigneten Badestränden. Liebevolle Kinderbetreuung wird häufig vor Ort geboten, so etwa im Basislager für Bergsteigerkinder im Hochberghaus (→ **Wanderung 15**). Wichtig für Eltern kleiner Kinder ist auch, dass in den meisten Gasthäusern Wickeltische vorhanden sind. Bei der Planung Ihres Familienurlaubs helfen Ihnen die örtlichen Tourismusverbände gerne weiter.

▶ LADENÖFFNUNGSZEITEN

Die meisten Geschäfte sind montags bis freitags von 8:00 oder 9:00 bis 18:00 oder 18:30 Uhr geöffnet. In ländlichen Gebieten werden die Läden über Mittag für zwei bis drei Stunden geschlossen. Am Samstag schließen die Geschäfte in der Regel zwischen 12:00 und 13:00 Uhr. Nur in Städten und touristischen Gemeinden bleiben sie länger (manchmal sogar sonntags) geöffnet. An langen Samstagen (meist der erste im Monat) kann man bis 17:00 Uhr einkaufen, an langen Donnerstagen (keine generelle Regelung) bis 20:00 Uhr.

▶ MOUNTAINBIKE

Das Salzkammergut ist eine recht beliebte Bikegegend. Eine Unsicherheit ist jedoch die rechtliche Situation, die den Mountain-

bikeanhängern immer wieder Probleme bereitet. Es geht vor allem um das Befahren von Forststraßen, das bundesländerweise nicht einheitlich geregelt ist. Im Zweifelsfall sollte man vor dem Antritt der Fahrt Erkundigungen bei den entsprechenden Tourismusverbänden bzw. der zentralen → Auskunft einholen. Generelle Fahrverbote gelten auch für Radfahrer

Nun heißt es und sind in jedem Fall zu beachten. Die Fahrverbote werden
aber in die durch Gendarmerie, Jagdaufsicht und Bergwacht kontrolliert.
Pedale treten.

▶ MUSEEN

Die Öffnungszeiten der Museen richten sich nach keinem einheitlichen Schema und sind daher entsprechend variabel. Bei den im Sehenswürdigkeitenteil vorgestellten Häusern haben wir die letztgültigen Zeiten angegeben.

▶ NATIONALFEIERTAG

Sie werden sich vielleicht gewundert haben, dass viele Sehenswürdigkeiten bis zum 26. Oktober geöffnet sind: Nationalfeiertag (Abzug des letzten alliierten Soldaten aus Österreich 1955).

▶ NOTFALL

Die österreichischen Notrufnummern sind dreistellig und im gesamten Bundesgebiet gültig. 122 Feuerwehr, 133 Polizei, 144 Rettung bzw. Notarzt. Neben diesen nur in wirklichen Notsituationen zu wählenden Nummer verfügen die örtlichen Polizei- und Gendarmeriestationen (z. B. zuständig für Diebstähle etc.) über eigene Dienststellen (Telefonnummern in den Telefonbüchern öffentlicher Fernsprechanlagen).

▶ ÖFFENTLICHE VERKEHRSMITTEL

Nur eine größere Eisenbahnlinie durchzieht das Salzkammergut abseits der internationalen Hauptverbindungen. Sie führt vom oberösterreichischen Attnang-Puchheim durch viele wichtige Orte ins steirische Ennstal. Im Inneren Salzkammergut bietet sie sich bei Streckenwanderungen (→ **Wanderungen 19, 21**) immer wieder für die Rückkehr zum Ausgangspunkt an. Neben dieser Bahnverbindung gibt es noch zwei wenig bedeutende Nebenbahnen, die **Attergaubahn** von Vöcklamarkt zum Attersee und die **Traunseebahn** von → **Gmunden** nach Vorchdorf.

Abseits der Bahnlinien sind die Bundesbusse wichtigstes Fortbewegungsmittel für den Wanderer. Daneben spielen an den größeren Seen auch Schiffsverbindungen eine wichtige Rolle. Entlegenere Bergregionen bzw. Hütten werden in manchen Regionen auch von Taxidiensten angefahren. Auskünfte dazu erteilen die lokalen Tourismusvereine.

▶ REISE- UND WANDERZEIT

Die zahlreichen Seen bescheren dem Salzkammergut – trotz seiner Lage am Alpennordrand – ein recht mildes Klima. Wandersaison ist hier etwa ab Ostern bis in den Spätherbst hinein. Im Frühling sind Touren in den Niederungen von besonderem Reiz, wo je nach Höhenlage zwischen Ende April und Ende Mai die Obstbäume ihre Blütenpracht entfalten. Mai und Juni locken im steirischen Salzkammergut mit einem besonderen Ereignis: Die Narzissenblüte hüllt zahlreiche Wiesen in ein duftiges Weiß. Die höchsten Lagen der Gebirge, insbesondere des Dachsteins, sind erst ab Juni wirklich empfehlenswert. Neben dem Frühling ist der goldene Herbst die zweite Hauptwandersaison.

▶ RESTAURANTS

Eine Auswahl guter Adressen:

Altaussee: Restaurant Berndl, 8992 Altaussee 21 (Tel. 03622/71227) Seewirt, Fischerndorf 2 (Tel. 03622/713610) **Bad Aussee:** Gasthof Sonne, Hauptstraße 150, 8992 Bad Aussee (Tel. 03622/52206) **Bad Goisern:** Landhotel Agathawirt, St. Agatha 10, 4822 Bad Goisern (Tel. 06135/8341) **Bad Ischl:** Gasthof Goldenes Hufeisen, Pfarrgasse 13, 4820 Bad Ischl (Tel. 06132/23653)

Gasthof Zum Pfandl, Steinbruch 1 (Tel. 06132/23875)

Fuschl: Restaurant Brunnwirt, 5330 Fuschl am See (Tel. 06226/8236)

Gmunden: Restaurant Marienbrücke, An der Marienbrücke 5, 4810 Gmunden (Tel. 07612/40110)

Rudolf Grabner´s Restaurant, Scharnsteinerstraße 15, (Tel. 07612/4169)

Gosau: Gosauer Hof, 4824 Gosau (Tel. 06136/8229)

Hallstatt: Gasthof-Restaurant Simony, 4830 Hallstatt (Tel. 06134/8724)

Bräugasthof, Seestraße 120 (Tel. 06134/8221)

Mondsee: Restaurant Eschlböck, St. Lorenz 41, 5310 Mondsee (Tel. 06232/2912)

La Farandole, Schlößl 150 (Tel. 06232/3475)

Salzburg: Sternbräu, Griesgasse 23, 5020 Salzburg (Tel. 0662/842140)

Augustinerbräu, Augustinergasse 4 (Tel. 0662/31246)

Gasthaus Bärenwirt, Müllner Hauptstraße 8 (Tel. 0662/430386)

Hotel-Restaurant Blaue Gans, Getreidegasse 41-43 (Tel. 0662/842491)

Restaurant Zum Eulenspiegel, Hagenauerplatz 2 (Tel. 0662/843180)

St. Gilgen: Gasthof Gimsenwirt, Pöllach 12, 5340 St. Gilgen (Tel. 06227/7981)

Restaurant Timbale (Tel. 06227/7587)

St. Wolfgang: Weißes Rößl, Im Stöckl 74, Ried 5, 5360 St. Wolfgang (Tel. 06138/2432)

Schörfling: Wengermühle, Oberachmannerstraße 2, 4861 Schörfling (Tel. 07662/4223)

Seewalchen: Fischer-Sepp, Moos 14, 4863 Seewalchen (Tel. 07662/2432)

Steeg: Landgasthof Zur Post, Au 30, 4823 Steeg am Hallstätter See (Tel. 06135/8483)

Weyregg: K. u. K. Landgasthof Zur Post, 4852 Weyregg am Attersee 47 (Tel. 07664/2202)

▶ SALZKAMMERGUT CARD

Diese Vorteilskarte bringt dem Salzkammergut-Urlauber mindestens 25 % Ermäßigung auf Eintritts- und Fahrpreise der Partnerbetriebe. Dazu gehören etwa fast alle Schifffahrtsunternehmen und Seilbahnen, viele Museen und andere Sehenswürdigkeiten, aber auch zahlreiche Sportveranstalter und -schulen. Sie erhalten die Vorteilskarte bei allen Tourismusbüros und Infostellen im Salzkammergut (hier gibt es auch eine Broschüre, in der alle Partner aufgelistet sind), an den Bahnhöfen Wien West, St. Pölten,

Amstetten, St. Valentin, Linz, Wels und Attnang-Puchheim sowie in vielen Beherbergungs- und Partnerbetrieben. 1999 kostete die CARD 65 öS (rund 10 DM). Weitere Informationen erhalten Sie bei der zentralen → Auskunft in Bad Ischl.

▶ SALZKAMMERGUT IM INTERNET

Eine wahre Fundgrube für jeden Österreichtouristen sind die Webseiten des TourismusInformationsSytsems, kurz TIS genannt. Ausgehend von der Startseite **http://www.tiscover.com/** erfahren Sie alles über ihre Urlaubsregion, können sich über die aktuelle Wetterlage informieren (zusätzlich zum klassischen Wetterbericht 88 Livekameras in allen Landesteilen) und auch gleich Ihr gewähltes Quartier online buchen.

Unter der Adresse **http://www.ertl.at** kommen Sie zu ERTL On-Line & SalzkammergutNET Home. Die Seite bietet touristische und regionale Infos über das Salzkammergut. In die Startseite ist ein Routenplaner integriert, der Sie sicher an Ihren Zielort bringt. Wer mehr über volkstümliche Gebräuche und Feste seiner Urlaubsregion erfahren will, sollte die **Seite http://www.salzkammergut-steiermark.at/brauchtum/** aufsuchen.

▶ TELEFONIEREN

Die internationale Vorwahl für Österreich ist 0043. Danach ist die nationale Telefonnummer ohne der „0" der Regionalvorwahl zu wählen, z. B. 00436132xxxxxx für Nummern in Bad Ischl. Für Gespräche ins Ausland gelten von Österreich die üblichen Vorwahlen: Deutschland 0049, Schweiz 0041. Die „0" der Ortsvorwahlen ist in dieser Richtung ebenfalls wegzulassen. Bleibt anzumerken, dass sich alle Vorwahl-Nummern demnächst ändern.

▶ UNTERKUNFT

Zur ersten Orientierung haben wir einige sehr empfehlenswerte Hotels und Pensionen aufgelistet.

Altaussee: Seevilla, Fischerndorf 60, 8992 Altaussee (Tel. 03622/71302)

Bad Aussee: Hotel Erzherzog Johann, Kurhausplatz 62, 8992 Bad Aussee

(Tel. 03622/52507)

Bad Goisern: Hotel Goiserermühle, 4822 Bad Goisern 128 (Tel. 06135/82060)

Bad Ischl: Hotel Goldenes Schiff, Adalbert-Stifter-Kai 3,

4820 Bad Ischl
(Tel. 06132/242410)
Hotel Goldener Ochs, Grazer
Str. 4 (Tel. 06132/235290)
Hubertushof, Götzstraße 1
(Tel. 06132/244450)
Ebensee: Hotel Post, Haupt-
straße 19, 4802 Ebensee
(Tel. 06133/52080)
Fuschl: Ebner´s Waldhof mit
Vitalschlössl, Seepromenade
73, 5330 Fuschl
(Tel. 06226/82640)
Hotel Seewinkel, Brunn 86
(Tel. 0622683440)
Gmunden: Parkhotel am See,
Schiffslände 17, 4810 Gmun-
den (Tel. 07612//42300)
Schlosshotel Asamer, Traun-
steinstraße 87 (Tel. 07612/49050)
Grünau: Romantik-Hotel Alm-
talhof, Almseestraße 382,
4645 Grünau (Tel. 07616/8204)
Hallstatt: Seehotel Grüner
Baum, Marktplatz 104, 4830
Hallstatt (Tel. 06134/82630)
Mondsee: Seehotel Königshof,
5310 Mondsee (Tel. 06232/56270)
Nussdorf: Seegasthof Anneliese,
Altenberg 23, 4865 Nussdorf

am Attersee (Tel. 07666/
8109) Pension Lex´nhof, Am
Anger 4 (Tel. 07666/8073)
Salzburg: Hotel Vier Jahreszei-
ten, Hubert-Sattler-Gasse 12,
5020 Salzburg (Tel. 0662/
882921) Hotel Amadeus, Lin-
zer Gasse 43-45 (Tel. 0662/
871401 oder 876163)
Hotel Weiße Taube, Kaigasse 9
(Tel. 0662/842404)
St. Gilgen: Hotel Hollweger,
Bundesstraße 2, 5340 St. Gil-
gen (Tel. 06227/22260)
St. Wolfgang: Landhaus zu Ap-
pesbach, 5360 St. Wolfgang
(Tel. 06138/22090)
Traunkirchen: Hotel Post,
4801 Traunkirchen 50
(Tel. 07617/23070)
Unterach: Hotel Georgshof,
Atterseestraße 86, 4866 Un-
terach am Attersee
(Tel. 07665/85010)
Seehotel Zum Goldenen
Anker, Hauptplatz 2
(Tel. 07665/8231)
Weyregg: Alpengasthof Kogler,
Gahberg 2, 4852 Weyregg am
Attersee (Tel. 07664/2258)

▶ TOURISTISCHE STRASSEN

Die **Österreichische Romantikstraße** führt von → **Salzburg** nach
Wien und berührt dabei viele der schönsten Landschaften des
Salzkammergutes. Neben der Hauptlinie, die über → **Bad Ischl**
nach → **Gmunden** und weiter in Richtung Kremsmünster führt,
gibt es kurze Zusatzabstecher zum Hallstätter See und ins Almtal.
Die **Salzkammergut Seenrundfahrt** führt systematisch um die
großen Seen des äußeren Salzkammergutes.

▶ WASSERSPORT

Bei den zahlreichen Seen darf es nicht wundern, dass der Wassersport im Salzkammergut ganz groß geschrieben wird. An erster Stelle steht natürlich das **Schwimmen**, das an allen Seen möglich und häufig sogar gratis ist. Viele Strandbäder und natürliche Badestrände sind auch für Kinder sehr gut geeignet. Daneben kommen aber auch Anhänger des **Tauchens** voll auf ihre Rechnung. Wichtigste und prominenteste Anlaufstelle ist die Tauchschule Zauner, Seestr. 113, 4830 Hallstatt, Tel. 06134/8286. Daneben gibt es aber auch weitere Tauchbasen an den größeren Seen, insbesondere am Mond- und Attersee. Ein Taucherlebnis der besonderen Art ist das **Eistauchen** in den winterlichen Seen!

Auf der Wasseroberfläche tummeln sich bei entsprechenden Windverhältnissen zahlreiche **Segler** und **Surfer**. Ihr Eldorado ist der Traunsee: Durch die fjordartige Lage des Sees zwischen den Bergen kommt es hier zu einem Winddüseneffekt, der mitunter für sehr starke Winde und damit entsprechende Herausforderungen für die Sportler sorgt. Zuletzt sei noch das **Wasserskifahren** erwähnt (auf den größeren Seen ohne Motorbootfahrverbot). Hier noch einige Adressen für Wassersportler:

Die zahlreichen Seen bieten Wassersportvergnügen für jeden Geschmack.

Tauchclub Attersee, H. Reiter, Buchenort 12, 4866 Nussdorf (Tel. 07666/8034)
Tauchschule Atlantis, St. Lorenz, 5310 Mondsee (Tel. 06232/2927)
Surf- und Segelschule W. Raudaschl, Strandbad Ried, 5360 St. Wolfgang (Tel. 06138/2916 oder 0664/1817218)
Surf- und Segelschule R. Engel, Seepromenade, 5340 St. Gilgen (Tel. 06227/7101 oder 2490 oder 2297)
Segelschule Mondsee, R.- Baum-Promenade 3,

5310 Mondsee (Tel. 06232/3548200)
Segelschule Attersee, 4864 Attersee (Tel. 07666/7702 oder 07662/4024)
Surf & Bike Hammerschmid, Traunsteinerstraße 141, 4810 Gmunden (Tel. 07612/63692)
Wasserschi- und Tauchschule beim Landhotel Traunsee, 4801 Traunkirchen (Tel. 07617/2216 oder 06133/6381)
Wasserskizentrum Seewalchen, Königswiese 11, 4863 Seewalchen (Tel. 0664/2401504)

REGISTER

DER AUTOR

Manfred Föger, geb. 1965, und **Karin Pegoraro,** geb. 1957, sind Biologen und Wanderführer aus Innsbruck, wo sie heute ein Technisches Büro betreiben. Zu Ihren Aufgaben gehört u.a. die Erstellung von naturverträglichen Tourismuskonzepten. Im Rahmen dieser Arbeit sind sie sehr häufig auf Reisen und stehen dabei oft in Kontakt zu Gästen der jeweiligen Regionen. Ihr besonderes Interesse gilt neben der Natur auch der Geschichte, der Kultur und dem Lebensstil der bereisten Gebiete.
Bei Bruckmann erschien von ihnen zuletzt der »Naturwanderführer Gardasee« sowie in der Reihe Wandern & Erleben der Band »Südtirol«.

Eine Produktion des **Bruckmann**-Teams, München
Lektorat: Walter Theil und Georg Steinbichler

Kartographie: Elsner & Schichor, Karlsruhe.

Titelfoto: Hallstatt am Hallstätter See (Foto: Mauritius / Vidler).
Umschlagrückseite: Schafbergbahn (Foto: Peter Mertz)
Fotos im Innenteil: Manfred Föger / Karin Pegoraro: S. 13, 14, 17, 28, 56, 57, 60, 62, 63, 65, 66, 68, 70, 74, 76, 77, 80, 81, 111, 113, 114, 115, 116, 119, 120, 123, 126, 127, 130, 148, 158, 160;
Peter Mertz: S. 1, 7, 10, 19, 104 / 105, 152 / 153, 156;
Christian Oberwalder: S. 134, 165; Wolf Oberwalder: S. 6, 42;
alle übrigen Fotos von Jörg Oberwalder.

Alle Angaben dieses Werkes wurden vom Autor sorgfältig recherchiert und auf den aktuellen Stand gebracht sowie vom Verlag auf Stimmigkeit geprüft. Für die Richtigkeit der Angaben kann jedoch keine Haftung übernommen werden. Für Hinweise und Anregungen sind wir jederzeit dankbar.
Bitte richten Sie diese an den Bruckmann Verlag GmbH, Lektorat, Nymphenburger Str 86, 80636 München.

Gedruckt auf chlorfrei gebleichtem Papier

Die Deutsche Bibliothek - CIP-Einheitsaufnahme

Ein Titeldatensatz für diese Publikation ist bei
Der Deutschen Bibliothek erhältlich

Gesamtverzeichnis gratis:
Bruckmann Verlag Nymphenburger Str. 86, 80636 München
Internet: www.bruckmann.de

Printed in Italy by Printer Trento s.r.l.
ISBN 3-7654-3523-6